国家知识产权局公报

GAZETTE OF STATE INTELLECTUAL PROPERTY OFFICE OF THE PEOPLE'S REPUBLIC OF CHINA

2018 年第 1 期（总第 37 期）

目　　录

主办单位：国家知识产权局办公室
编辑者：《国家知识产权局公报》编辑部
通讯处：北京市海淀区蓟门桥西土城路 6 号
邮政编码：100088
电　　话：（010）82000887

出版发行：知识产权出版社有限责任公司
发行部地址：北京市海淀区气象路 50 号院
邮政编码：100081
电　　话：（010）82000893

重要活动和重要工作 · 63

统计数据 · 77

CONTENTS

Important Documents · 1

Announcements and Circulars · 35

Important Activities and Works · 63

Statistics · 77

重要文件

中共中央印发《深化党和国家机构改革方案》

近日，中共中央印发了《深化党和国家机构改革方案》，并发出通知，要求各地区各部门结合实际认真贯彻执行。

《深化党和国家机构改革方案》全文如下。

在新的历史起点上深化党和国家机构改革，必须全面贯彻党的十九大精神，坚持以马克思列宁主义、毛泽东思想、邓小平理论、“三个代表”重要思想、科学发展观、习近平新时代中国特色社会主义思想为指导，牢固树立政治意识、大局意识、核心意识、看齐意识，坚决维护以习近平同志为核心的党中央权威和集中统一领导，适应新时代中国特色社会主义发展要求，坚持稳中求进工作总基调，坚持正确改革方向，坚持以人民为中心，坚持全面依法治国，以加强党的全面领导为统领，以国家治理体系和治理能力现代化为导向，以推进党和国家机构职能优化协同高效为着力点，改革机构设置，优化职能配置，深化转职能、转方式、转作风，提高效率效能，积极构建系统完备、科学规范、运行高效的党和国家机构职能体系，为决胜全面建成小康社会、开启全面建设社会主义现代化国家新征程、实现中华民族伟大复兴的中国梦提供有力制度保障。

一、深化党中央机构改革

中国共产党领导是中国特色社会主义最本质的特征。党政军民学，东西南北中，党是领导一切的。深化党中央机构改革，要着眼于健全加强党的全面领导的制度，优化党的组织机构，建立健全党对重大工作的领导体制机制，更好发挥党的职能部门作用，推进职责相近的党政机关合并设立或合署办公，优化部门职责，提高党把方向、谋大局、定政策、促改革的能力和定力，确保党的领导全覆盖，确保党的领导更加坚强有力。

（一）组建国家监察委员会

为加强党对反腐败工作的集中统一领导，实现党内监督和国家机关监督、党的纪律检查和国家监察有机统一，实现对所有行使公权力的公职人员监察全覆盖，将监察部、国家预防腐败局的职责，最高人民检察院查处贪污贿赂、失职渎职以及预防职务犯罪等反腐败相关职责整合，组建国家监察委员会，同中央纪律检查委员会合署办公，履行纪检、监察两项职责，实行一套工作机构、两个机关名称。

主要职责是，维护党的章程和其他党内法规，检查党的路线方针政策和决议执行情况，对党员领导干部行使权力进行监督，维护宪法法律，对公职人员依法履职、秉公用权、廉洁从政以及道德操守情况进行监督检查，对涉嫌职务违法和职务犯罪的行为进行调查并作出政务处分决定，对履行职责不力、失职失责的领导人员进行问责，负责组织协调党风廉政建设和反腐败宣传等。

国家监察委员会由全国人民代表大会产生，接受全国人民代表大会及其常务委员会的监督。

不再保留监察部、国家预防腐败局。

（二）组建中央全面依法治国委员会

全面依法治国是中国特色社会主义的本质要求和重要保障。为加强党中央对法治中国建设的集中统一领导，健全党领导全面依法治国的制度和工作机制，更好落实全面依法治国基本方略，组建中央全面依法治国委员会，负责全面依法治国的顶层设计、总体布局、统筹协调、整体推进、督促落实，作为党中央决策议事协调机构。

主要职责是，统筹协调全面依法治国工作，坚持依法治国、依法执政、依法行政共同推进，坚持法治国家、法治政府、法治社会一体建设，研究全面依法治国重大事项、重大问题，统筹推进科学立法、严格执法、公正司法、全民守法，协调推进中国特色社会主义法治体系和社会主义法治国家建设等。

中央全面依法治国委员会办公室设在司法部。

（三）组建中央审计委员会

为加强党中央对审计工作的领导，构建集中统一、全面覆盖、权威高效的审计监督体系，更好发挥审计监督作用，组建中央审计委员会，作为党中央决策议事协调机构。

主要职责是，研究提出并组织实施在审计领域坚持党的领导、加强党的建设方针政策，审议审计监督重大政策和改革方案，审议年度中央预算执行和其他财政支出情况审计报告，审议决策审计监督其他重大事项等。

中央审计委员会办公室设在审计署。

（四）中央全面深化改革领导小组、中央网络安全和信息化领导小组、中央财经领导小组、中央外事工作领导小组改为委员会

为加强党中央对涉及党和国家事业全局的重大工作的集中统一领导，强化决策和统筹协调职责，将中央全面深化改革领导小组、中央网络安全和信息化领导小组、中央财经领导小组、中央外事工作领导小组分别改为中央全面深化改革委员会、中央网络安全和信息化委员会、中央财经委员会、中央外事工作委员会，负责相关领域重大工作的顶层设计、总体布局、统筹协调、整体推进、督促落实。

4 个委员会的办事机构分别为中央全面深化改革委员会办公室、中央网络安全和信息化委员会办公室、中央财经委员会办公室、中央外事工作委员会办公室。

（五）组建中央教育工作领导小组

为加强党中央对教育工作的集中统一领导，全面贯彻党的教育方针，加强教育领域党的建设，做好学校思想政治工作，落实立德树人根本任务，深化教育改革，加快教育现代化，办好人民满意的教育，组建中央教育工作领导小组，作为党中央决策议事协调机构。

主要职责是，研究提出并组织实施在教育领域坚持党的领导、加强党的建设方针政策，研究部署教育领域思想政治、意识形态工作，审议国家教育发展战略、中长期规划、教育重大政策和体制改革方案，协调解决教育工作重大问题等。

中央教育工作领导小组秘书组设在教育部。

（六）组建中央和国家机关工作委员会

为加强中央和国家机关党的建设，落实全面从严治党要求，深入推进党的建设新的伟大工程，

统一部署中央和国家机关党建工作，整合资源、形成合力，将中央直属机关工作委员会和中央国家机关工作委员会的职责整合，组建中央和国家机关工作委员会，作为党中央派出机构。

主要职责是，统一组织、规划、部署中央和国家机关党的工作，指导中央和国家机关党的政治建设、思想建设、组织建设、作风建设、纪律建设，指导中央和国家机关各级党组织实施对党员特别是党员领导干部的监督和管理，领导中央和国家机关各部门机关党的纪律检查工作，归口指导行业协会商会党建工作等。

不再保留中央直属机关工作委员会、中央国家机关工作委员会。

（七）组建新的中央党校（国家行政学院）

党校是我们党教育培训党员领导干部的主渠道。为全面加强党对干部培训工作的集中统一领导，统筹谋划干部培训工作，统筹部署重大理论研究，统筹指导全国各级党校（行政学院）工作，将中央党校和国家行政学院的职责整合，组建新的中央党校（国家行政学院），实行一个机构两块牌子，作为党中央直属事业单位。

主要职责是，承担全国高中级领导干部和中青年后备干部培训，开展重大理论问题和现实问题研究，研究宣传习近平新时代中国特色社会主义思想，承担党中央决策咨询服务，培养马克思主义理论骨干，对全国各级党校（行政学院）进行业务指导等。

（八）组建中央党史和文献研究院

党史和文献工作是党的事业的重要组成部分，在党和国家工作大局中具有不可替代的重要地位和作用。为加强党的历史和理论研究，统筹党史研究、文献编辑和著作编译资源力量，构建党的理论研究综合体系，促进党的理论研究和党的实践研究相结合，打造党的历史和理论研究高端平台，将中央党史研究室、中央文献研究室、中央编译局的职责整合，组建中央党史和文献研究院，作为党中央直属事业单位。中央党史和文献研究院对外保留中央编译局牌子。

主要职责是，研究马克思主义基本理论、马克思主义中国化及其主要代表人物，研究习近平新时代中国特色社会主义思想，研究中国共产党历史，编辑编译马克思主义经典作家重要文献、党和国家重要文献、主要领导人著作，征集整理重要党史文献资料等。

不再保留中央党史研究室、中央文献研究室、中央编译局。

（九）中央组织部统一管理中央机构编制委员会办公室

为加强党对机构编制和机构改革的集中统一领导，理顺机构编制管理和干部管理的体制机制，调整优化中央机构编制委员会领导体制，作为党中央决策议事协调机构，统筹负责党和国家机构职能编制工作。

中央机构编制委员会办公室作为中央机构编制委员会的办事机构，承担中央机构编制委员会日常工作，归口中央组织部管理。

（十）中央组织部统一管理公务员工作

为更好落实党管干部原则，加强党对公务员队伍的集中统一领导，更好统筹干部管理，建立健全统一规范高效的公务员管理体制，将国家公务员局并入中央组织部。中央组织部对外保留国家公务员局牌子。

调整后，中央组织部在公务员管理方面的主要职责是，统一管理公务员录用调配、考核奖惩、培训和工资福利等事务，研究拟订公务员管理政策和法律法规草案并组织实施，指导全国公务员队伍建设和绩效管理，负责国家公务员管理国际交流合作等。

不再保留单设的国家公务员局。

（十一）中央宣传部统一管理新闻出版工作

为加强党对新闻舆论工作的集中统一领导，加强对出版活动的管理，发展和繁荣中国特色社会主义出版事业，将国家新闻出版广电总局的新闻出版管理职责划入中央宣传部。中央宣传部对外加挂国家新闻出版署（国家版权局）牌子。

调整后，中央宣传部关于新闻出版管理方面的主要职责是，贯彻落实党的宣传工作方针，拟订新闻出版业的管理政策并督促落实，管理新闻出版行政事务，统筹规划和指导协调新闻出版事业、产业发展，监督管理出版物内容和质量，监督管理印刷业，管理著作权，管理出版物进口等。

（十二）中央宣传部统一管理电影工作

为更好发挥电影在宣传思想和文化娱乐方面的特殊重要作用，发展和繁荣电影事业，将国家新闻出版广电总局的电影管理职责划入中央宣传部。中央宣传部对外加挂国家电影局牌子。

调整后，中央宣传部关于电影管理方面的主要职责是，管理电影行政事务，指导监管电影制片、发行、放映工作，组织对电影内容进行审查，指导协调全国性重大电影活动，承担对外合作制片、输入输出影片的国际合作交流等。

（十三）中央统战部统一领导国家民族事务委员会

为加强党对民族工作的集中统一领导，将民族工作放在统战工作大局下统一部署、统筹协调、形成合力，更好贯彻落实党的民族工作方针，更好协调处理民族工作中的重大事项，将国家民族事务委员会归口中央统战部领导。国家民族事务委员会仍作为国务院组成部门。

调整后，中央统战部在民族工作方面的主要职责是，贯彻落实党的民族工作方针，研究拟订民族工作的政策和重大措施，协调处理民族工作中的重大问题，根据分工做好少数民族干部工作，领导国家民族事务委员会依法管理民族事务，全面促进民族事业发展等。

（十四）中央统战部统一管理宗教工作

为加强党对宗教工作的集中统一领导，全面贯彻党的宗教工作基本方针，坚持我国宗教的中国化方向，统筹统战和宗教等资源力量，积极引导宗教与社会主义社会相适应，将国家宗教事务局并入中央统战部。中央统战部对外保留国家宗教事务局牌子。

调整后，中央统战部在宗教事务管理方面的主要职责是，贯彻落实党的宗教工作基本方针和政策，研究拟订宗教工作的政策措施并督促落实，统筹协调宗教工作，依法管理宗教行政事务，保护公民宗教信仰自由和正常的宗教活动，巩固和发展同宗教界的爱国统一战线等。

不再保留单设的国家宗教事务局。

（十五）中央统战部统一管理侨务工作

为加强党对海外统战工作的集中统一领导，更加广泛地团结联系海外侨胞和归侨侨眷，更好发挥群众团体作用，将国务院侨务办公室并入中央统战部。中央统战部对外保留国务院侨务办公室牌子。

调整后，中央统战部在侨务方面的主要职责是，统一领导海外统战工作，管理侨务行政事务，负责拟订侨务工作政策和规划，调查研究国内外侨情和侨务工作情况，统筹协调有关部门和社会团体涉侨工作，联系香港、澳门和海外有关社团及代表人士，指导推动涉侨宣传、文化交流和华文教育工作等。

国务院侨务办公室海外华人华侨社团联谊等职责划归中国侨联行使，发挥中国侨联作为党和政府联系广大归侨侨眷和海外侨胞的桥梁纽带作用。

不再保留单设的国务院侨务办公室。

（十六）优化中央网络安全和信息化委员会办公室职责

为维护国家网络空间安全和利益，将国家计算机网络与信息安全管理中心由工业和信息化部管理调整为由中央网络安全和信息化委员会办公室管理。

工业和信息化部仍负责协调电信网、互联网、专用通信网的建设，组织、指导通信行业技术创新和技术进步，对国家计算机网络与信息安全管理中心基础设施建设、技术创新提供保障，在各省（自治区、直辖市）设置的通信管理局管理体制、主要职责、人员编制维持不变。

（十七）不再设立中央维护海洋权益工作领导小组

为坚决维护国家主权和海洋权益，更好统筹外交外事与涉海部门的资源和力量，将维护海洋权益工作纳入中央外事工作全局中统一谋划、统一部署，不再设立中央维护海洋权益工作领导小组，有关职责交由中央外事工作委员会及其办公室承担，在中央外事工作委员会办公室内设维护海洋权益工作办公室。

调整后，中央外事工作委员会及其办公室在维护海洋权益方面的主要职责是，组织协调和指导督促各有关方面落实党中央关于维护海洋权益的决策部署，收集汇总和分析研判涉及国家海洋权益的情报信息，协调应对紧急突发事态，组织研究维护海洋权益重大问题并提出对策建议等。

（十八）不再设立中央社会治安综合治理委员会及其办公室

为加强党对政法工作和社会治安综合治理等工作的统筹协调，加快社会治安防控体系建设，不再设立中央社会治安综合治理委员会及其办公室，有关职责交由中央政法委员会承担。

调整后，中央政法委员会在社会治安综合治理方面的主要职责是，负责组织协调、推动和督促各地区各有关部门开展社会治安综合治理工作，汇总掌握社会治安综合治理动态，协调处置重大突发事件，研究社会治安综合治理有关重大问题，提出社会治安综合治理工作对策建议等。

（十九）不再设立中央维护稳定工作领导小组及其办公室

为加强党对政法工作的集中统一领导，更好统筹协调政法机关资源力量，强化维稳工作的系统性，推进平安中国建设，不再设立中央维护稳定工作领导小组及其办公室，有关职责交由中央政法委员会承担。

调整后，中央政法委员会在维护社会稳定方面的主要职责是，统筹协调政法机关等部门处理影响社会稳定的重大事项，协调应对和处置重大突发事件，了解掌握和分析研判影响社会稳定的情况动态，预防、化解影响稳定的社会矛盾和风险等。

（二十）将中央防范和处理邪教问题领导小组及其办公室职责划归中央政法委员会、公安部

为更好统筹协调执政安全和社会稳定工作，建立健全党委和政府领导、部门分工负责、社会协同参与的防范治理邪教工作机制，发挥政法部门职能作用，提高组织、协调、执行能力，形成工作合力和常态化工作机制，将防范和处理邪教工作职责交由中央政法委员会、公安部承担。

调整后，中央政法委员会在防范和处理邪教工作方面的主要职责是，协调指导各相关部门做好反邪教工作，分析研判有关情况信息并向党中央提出政策建议，协调处置重大突发性事件等。公安部在防范和处理邪教工作方面的主要职责是，收集邪教组织影响社会稳定、危害社会治安的情况并进行分析研判，依法打击邪教组织的违法犯罪活动等。

二、深化全国人大机构改革

人民代表大会制度是坚持党的领导、人民当家作主、依法治国有机统一的根本政治制度安排。要适应新时代我国社会主要矛盾变化，完善全国人大专门委员会设置，更好发挥职能作用。

（二十一）组建全国人大社会建设委员会

为适应统筹推进“五位一体”总体布局需要，加强社会建设，创新社会管理，更好保障和改善民生，推进社会领域法律制度建设，整合全国人大内务司法委员会、财政经济委员会、教育科学文化卫生委员会的相关职责，组建全国人大社会建设委员会，作为全国人大专门委员会。

主要职责是，研究、拟订、审议劳动就业、社会保障、民政事务、群团组织、安全生产等方面的有关议案、法律草案，开展有关调查研究，开展有关执法检查等。

（二十二）全国人大内务司法委员会更名为全国人大监察和司法委员会

为健全党和国家监督体系，适应国家监察体制改革需要，促进国家监察工作顺利开展，将全国人大内务司法委员会更名为全国人大监察和司法委员会。

全国人大监察和司法委员会在原有工作职责基础上，增加配合深化国家监察体制改革、完善国家监察制度体系、推动实现党内监督和国家机关监督有机统一方面的职责。

（二十三）全国人大法律委员会更名为全国人大宪法和法律委员会

为弘扬宪法精神，增强宪法意识，维护宪法权威，加强宪法实施和监督，推进合宪性审查工作，将全国人大法律委员会更名为全国人大宪法和法律委员会。

全国人大宪法和法律委员会在继续承担统一审议法律草案工作的基础上，增加推动宪法实施、开展宪法解释、推进合宪性审查、加强宪法监督、配合宪法宣传等职责。

三、深化国务院机构改革

深化国务院机构改革，要着眼于转变政府职能，坚决破除制约使市场在资源配置中起决定性作用、更好发挥政府作用的体制机制弊端，围绕推动高质量发展，建设现代化经济体系，加强和完善政府经济调节、市场监管、社会管理、公共服务、生态环境保护职能，结合新的时代条件和实践要求，着力推进重点领域、关键环节的机构职能优化和调整，构建起职责明确、依法行政的政府治理体系，增强政府公信力和执行力，加快建设人民满意的服务型政府。

（二十四）组建自然资源部

建设生态文明是中华民族永续发展的千年大计。必须树立和践行绿水青山就是金山银山的理念，统筹山水林田湖草系统治理。为统一行使全民所有自然资源资产所有者职责，统一行使所有国土空间用途管制和生态保护修复职责，着力解决自然资源所有者不到位、空间规划重叠等问题，将国土资源部的职责，国家发展和改革委员会的组织编制主体功能区规划职责，住房和城乡建设部的城乡规划管理职责，水利部的水资源调查和确权登记管理职责，农业部的草原资源调查和确权登记管理职责，国家林业局的森林、湿地等资源调查和确权登记管理职责，国家海洋局的职责，国家测绘地理信息局的职责整合，组建自然资源部，作为国务院组成部门。自然资源部对外保留国家海洋局牌子。

主要职责是，对自然资源开发利用和保护进行监管，建立空间规划体系并监督实施，履行全民所有各类自然资源资产所有者职责，统一调查和确权登记，建立自然资源有偿使用制度，负责测绘和地质勘查行业管理等。

不再保留国土资源部、国家海洋局、国家测绘地理信息局。

（二十五）组建生态环境部

保护环境是我国的基本国策，要像对待生命一样对待生态环境，实行最严格的生态环境保护制度，形成绿色发展方式和生活方式，着力解决突出环境问题。为整合分散的生态环境保护职责，统一行使生态和城乡各类污染排放监管与行政执法职责，加强环境污染治理，保障国家生态安全，建设美丽中国，将环境保护部的职责，国家发展和改革委员会的应对气候变化和减排职责，国土资源部的监督防止地下水污染职责，水利部的编制水功能区划、排污口设置管理、流域水环境保护职责，农业部的监督指导农业面源污染治理职责，国家海洋局的海洋环境保护职责，国务院南水北调工程建设委员会办公室的南水北调工程项目区环境保护职责整合，组建生态环境部，作为国务院组成部门。生态环境部对外保留国家核安全局牌子。

主要职责是，拟订并组织实施生态环境政策、规划和标准，统一负责生态环境监测和执法工作，监督管理污染防治、核与辐射安全，组织开展中央环境保护督察等。

不再保留环境保护部。

（二十六）组建农业农村部

农业农村农民问题是关系国计民生的根本性问题，必须始终把解决好“三农”问题作为全党工作重中之重。为加强党对“三农”工作的集中统一领导，坚持农业农村优先发展，统筹实施乡村振兴战略，推动农业全面升级、农村全面进步、农民全面发展，加快实现农业农村现代化，将中央农村工作领导小组办公室的职责，农业部的职责，以及国家发展和改革委员会的农业投资项目、财政部的农业综合开发项目、国土资源部的农田整治项目、水利部的农田水利建设项目等管理职责整合，组建农业农村部，作为国务院组成部门。中央农村工作领导小组办公室设在农业农村部。

主要职责是，统筹研究和组织实施“三农”工作战略、规划和政策，监督管理种植业、畜牧业、渔业、农垦、农业机械化、农产品质量安全，负责农业投资管理等。

将农业部的渔船检验和监督管理职责划入交通运输部。

不再保留农业部。

（二十七）组建文化和旅游部

满足人民过上美好生活新期待，必须提供丰富的精神食粮。为增强和彰显文化自信，坚持中国特色社会主义文化发展道路，统筹文化事业、文化产业发展和旅游资源开发，提高国家文化软实力和中华文化影响力，将文化部、国家旅游局的职责整合，组建文化和旅游部，作为国务院组成部门。

主要职责是，贯彻落实党的文化工作方针政策，研究拟订文化和旅游工作政策措施，统筹规划文化事业、文化产业、旅游业发展，深入实施文化惠民工程，组织实施文化资源普查、挖掘和保护工作，维护各类文化市场包括旅游市场秩序，加强对外文化交流，推动中华文化走出去等。

不再保留文化部、国家旅游局。

（二十八）组建国家卫生健康委员会

人民健康是民族昌盛和国家富强的重要标志。为推动实施健康中国战略，树立大卫生、大健康理念，把以治病为中心转变到以人民健康为中心，预防控制重大疾病，积极应对人口老龄化，加快老龄事业和产业发展，为人民群众提供全方位全周期健康服务，将国家卫生和计划生育委员会、国务院深化医药卫生体制改革领导小组办公室、全国老龄工作委员会办公室的职责，工业和信息化部的牵头《烟草控制框架公约》履约工作职责，国家安全生产监督管理总局的职业安全健康监督管理职责整合，组建国家卫生健康委员会，作为国务院组成部门。

主要职责是，拟订国民健康政策，协调推进深化医药卫生体制改革，组织制定国家基本药物制度，监督管理公共卫生、医疗服务和卫生应急，负责计划生育管理和服务工作，拟订应对人口老龄化、医养结合政策措施等。

保留全国老龄工作委员会，日常工作由国家卫生健康委员会承担。民政部代管的中国老龄协会改由国家卫生健康委员会代管。国家中医药管理局由国家卫生健康委员会管理。

不再保留国家卫生和计划生育委员会。不再设立国务院深化医药卫生体制改革领导小组办公室。

（二十九）组建退役军人事务部

为维护军人军属合法权益，加强退役军人服务保障体系建设，建立健全集中统一、职责清晰的退役军人管理保障体制，让军人成为全社会尊崇的职业，将民政部的退役军人优抚安置职责，人力资源和社会保障部的军官转业安置职责，以及中央军委政治工作部、后勤保障部有关职责整合，组建退役军人事务部，作为国务院组成部门。

主要职责是，拟订退役军人思想政治、管理保障等工作政策法规并组织实施，褒扬彰显退役军人为党、国家和人民牺牲奉献的精神风范和价值导向，负责军队转业干部、复员干部、退休干部、退役士兵的移交安置工作和自主择业退役军人服务管理、待遇保障工作，组织开展退役军人教育培训、优待抚恤等，指导全国拥军优属工作，负责烈士及退役军人荣誉奖励、军人公墓维护以及纪念活动等。

（三十）组建应急管理部

提高国家应急管理能力和水平，提高防灾减灾救灾能力，确保人民群众生命财产安全和社会稳定，是我们党治国理政的一项重大任务。为防范化解重特大安全风险，健全公共安全体系，整合优化应急力量和资源，推动形成统一指挥、专常兼备、反应灵敏、上下联动、平战结合的中国特色应急管理体制，将国家安全生产监督管理总局的职责，国务院办公厅的应急管理职责，公安部的消防管理职责，民政部的救灾职责，国土资源部的地质灾害防治、水利部的水旱灾害防治、农业部的草原防火、国家林业局的森林防火相关职责，中国地震局的震灾应急救援职责以及国家防汛抗旱总指挥部、国家减灾委员会、国务院抗震救灾指挥部、国家森林防火指挥部的职责整合，组建应急管理部，作为国务院组成部门。

主要职责是，组织编制国家应急总体预案和规划，指导各地区各部门应对突发事件工作，推动应急预案体系建设和预案演练。建立灾情报告系统并统一发布灾情，统筹应急力量建设和物资储备并在救灾时统一调度，组织灾害救助体系建设，指导安全生产类、自然灾害类应急救援，承担国家应对特别重大灾害指挥部工作。指导火灾、水旱灾害、地质灾害等防治。负责安全生产综合监督管理和工矿商贸行业安全生产监督管理等。公安消防部队、武警森林部队转制后，与安全生产等应急救援队伍一并作为综合性常备应急骨干力量，由应急管理部管理，实行专门管理和政策保障，采取符合其自身特点的职务职级序列和管理办法，提高职业荣誉感，保持有生力量和战斗力。应急管理部要处理好防灾和救灾的关系，明确与相关部门和地方各自职责分工，建立协调配合机制。

中国地震局、国家煤矿安全监察局由应急管理部管理。

不再保留国家安全生产监督管理总局。

（三十一）重新组建科学技术部

创新是引领发展的第一动力，是建设现代化经济体系的战略支撑。为更好实施科教兴国战略、人才强国战略、创新驱动发展战略，加强国家创新体系建设，优化配置科技资源，推动建设高端科技创新人才队伍，健全技术创新激励机制，加快建设创新型国家，将科学技术部、国家外国专家局的职责整合，重新组建科学技术部，作为国务院组成部门。科学技术部对外保留国家外国专家局牌子。

主要职责是，拟订国家创新驱动发展战略方针以及科技发展、基础研究规划和政策并组织实施，统筹推进国家创新体系建设和科技体制改革，组织协调国家重大基础研究和应用基础研究，编制国家重大科技项目规划并监督实施，牵头建立统一的国家科技管理平台和科研项目资金协调、评估、监管机制，负责引进国外智力工作等。

国家自然科学基金委员会改由科学技术部管理。

不再保留单设的国家外国专家局。

（三十二）重新组建司法部

全面依法治国是国家治理的一场深刻革命，必须在党的领导下，遵循法治规律，创新体制机制，全面深化依法治国实践。为贯彻落实全面依法治国基本方略，加强党对法治政府建设的集中统一领导，统筹行政立法、行政执法、法律事务管理和普法宣传，推动政府工作纳入法治轨道，将司法部和国务院法制办公室的职责整合，重新组建司法部，作为国务院组成部门。

主要职责是，负责有关法律和行政法规草案起草，负责立法协调和备案审查、解释，综合协调行政执法，指导行政复议应诉，负责普法宣传，负责监狱、戒毒、社区矫正管理，负责律师公证和司法鉴定仲裁管理，承担国家司法协助等。

不再保留国务院法制办公室。

（三十三）优化审计署职责

改革审计管理体制，保障依法独立行使审计监督权，是健全党和国家监督体系的重要内容。为整合审计监督力量，减少职责交叉分散，避免重复检查和监督盲区，增强监督效能，将国家发展和改革委员会的重大项目稽察、财政部的中央预算执行情况和其他财政收支情况的监督检查、国务院国有资产监督管理委员会的国有企业领导干部经济责任审计和国有重点大型企业监事会的职责划入审计署，相应对派出审计监督力量进行整合优化，构建统一高效审计监督体系。

不再设立国有重点大型企业监事会。

（三十四）组建国家市场监督管理总局

改革市场监管体系，实行统一的市场监管，是建立统一开放竞争有序的现代市场体系的关键环节。为完善市场监管体制，推动实施质量强国战略，营造诚实守信、公平竞争的市场环境，进一步推进市场监管综合执法、加强产品质量安全监管，让人民群众买得放心、用得放心、吃得放心，将国家工商行政管理总局的职责，国家质量监督检验检疫总局的职责，国家食品药品监督管理总局的职责，国家发展和改革委员会的价格监督检查与反垄断执法职责，商务部的经营者集中反垄断执法以及国务院反垄断委员会办公室等职责整合，组建国家市场监督管理总局，作为国务院直属机构。

主要职责是，负责市场综合监督管理，统一登记市场主体并建立信息公示和共享机制，组织市场监管综合执法工作，承担反垄断统一执法，规范和维护市场秩序，组织实施质量强国战略，负责工业产品质量安全、食品安全、特种设备安全监管，统一管理计量标准、检验检测、认证认可工作等。

组建国家药品监督管理局，由国家市场监督管理总局管理，主要职责是负责药品、化妆品、医疗器械的注册并实施监督管理。

将国家质量监督检验检疫总局的出入境检验检疫管理职责和队伍划入海关总署。

保留国务院食品安全委员会、国务院反垄断委员会，具体工作由国家市场监督管理总局承担。

国家认证认可监督管理委员会、国家标准化管理委员会职责划入国家市场监督管理总局，对外保留牌子。

不再保留国家工商行政管理总局、国家质量监督检验检疫总局、国家食品药品监督管理总局。

（三十五）组建国家广播电视总局

为加强党对新闻舆论工作的集中统一领导，加强对重要宣传阵地的管理，牢牢掌握意识形态工作领导权，充分发挥广播电视媒体作为党的喉舌作用，在国家新闻出版广电总局广播电视管理职责的基础上组建国家广播电视总局，作为国务院直属机构。

主要职责是，贯彻党的宣传方针政策，拟订广播电视管理的政策措施并督促落实，统筹规划和指导协调广播电视事业、产业发展，推进广播电视领域的体制机制改革，监督管理、审查广播电视与网络视听节目内容和质量，负责广播电视节目的进口、收录和管理，协调推动广播电视领域走出去工作等。

不再保留国家新闻出版广电总局。

（三十六）组建中央广播电视总台

坚持正确舆论导向，高度重视传播手段建设和创新，提高新闻舆论传播力、引导力、影响力、公信力，是牢牢掌握意识形态工作领导权的重要抓手。为加强党对重要舆论阵地的集中建设和管理，增强广播电视媒体整体实力和竞争力，推动广播电视媒体、新兴媒体融合发展，加快国际传播能力建设，整合中央电视台（中国国际电视台）、中央人民广播电台、中国国际广播电台，组建中央广播电视总台，作为国务院直属事业单位，归口中央宣传部领导。

主要职责是，宣传党的理论和路线方针政策，统筹组织重大宣传报道，组织广播电视创作生产，制作和播出广播电视精品，引导社会热点，加强和改进舆论监督，推动多媒体融合发展，加强国际传播能力建设，讲好中国故事等。

撤销中央电视台（中国国际电视台）、中央人民广播电台、中国国际广播电台建制。对内保留原呼号，对外统一呼号为“中国之声”。

（三十七）组建中国银行保险监督管理委员会

金融是现代经济的核心，必须高度重视防控金融风险、保障国家金融安全。为深化金融监管体制改革，解决现行体制存在的监管职责不清晰、交叉监管和监管空白等问题，强化综合监管，优化监管资源配置，更好统筹系统重要性金融机构监管，逐步建立符合现代金融特点、统筹协调监管、有力有效的现代金融监管框架，守住不发生系统性金融风险的底线，将中国银行业监督管理委员会和中国保险监督管理委员会的职责整合，组建中国银行保险监督管理委员会，作为国务院直属事业单位。

主要职责是，依照法律法规统一监督管理银行业和保险业，保护金融消费者合法权益，维护银行业和保险业合法、稳健运行，防范和化解金融风险，维护金融稳定等。

将中国银行业监督管理委员会和中国保险监督管理委员会拟订银行业、保险业重要法律法规草案和审慎监管基本制度的职责划入中国人民银行。

不再保留中国银行业监督管理委员会、中国

保险监督管理委员会。

（三十八）组建国家国际发展合作署

为充分发挥对外援助作为大国外交的重要手段作用，加强对外援助的战略谋划和统筹协调，推动援外工作统一管理，改革优化援外方式，更好服务国家外交总体布局和共建“一带一路”等，将商务部对外援助工作有关职责、外交部对外援助协调等职责整合，组建国家国际发展合作署，作为国务院直属机构。

主要职责是，拟订对外援助战略方针、规划、政策，统筹协调援外重大问题并提出建议，推进援外方式改革，编制对外援助方案和计划，确定对外援助项目并监督评估实施情况等。对外援助的具体执行工作仍由相关部门按分工承担。

（三十九）组建国家医疗保障局

医疗保险制度对于保障人民群众就医需求、减轻医药费用负担、提高健康水平有着重要作用。为完善统一的城乡居民基本医疗保险制度和大病保险制度，不断提高医疗保障水平，确保医保资金合理使用、安全可控，推进医疗、医保、医药“三医联动”改革，更好保障病有所医，将人力资源和社会保障部的城镇职工和城镇居民基本医疗保险、生育保险职责，国家卫生和计划生育委员会的新型农村合作医疗职责，国家发展和改革委员会的药品和医疗服务价格管理职责，民政部的医疗救助职责整合，组建国家医疗保障局，作为国务院直属机构。

主要职责是，拟订医疗保险、生育保险、医疗救助等医疗保障制度的政策、规划、标准并组织实施，监督管理相关医疗保障基金，完善国家异地就医管理和费用结算平台，组织制定和调整药品、医疗服务价格和收费标准，制定药品和医用耗材的招标采购政策并监督实施，监督管理纳入医保支出范围内的医疗服务行为和医疗费用等。

（四十）组建国家粮食和物资储备局

为加强国家储备的统筹规划，构建统一的国家物资储备体系，强化中央储备粮棉的监督管理，提升国家储备应对突发事件的能力，将国家粮食局的职责，国家发展和改革委员会的组织实施国家战略物资收储、轮换和管理，管理国家粮食、棉花和食糖储备等职责，以及民政部、商务部、国家能源局等部门的组织实施国家战略和应急储备物资收储、轮换和日常管理职责整合，组建国家粮食和物资储备局，由国家发展和改革委员会管理。

主要职责是，根据国家储备总体发展规划和品种目录，组织实施国家战略和应急储备物资的收储、轮换、管理，统一负责储备基础设施的建设与管理，对管理的政府储备、企业储备以及储备政策落实情况进行监督检查，负责粮食流通行业管理和中央储备粮棉行政管理等。

不再保留国家粮食局。

（四十一）组建国家移民管理局

随着我国综合国力进一步提升，来华工作生活的外国人不断增加，对做好移民管理服务提出新要求。为加强对移民及出入境管理的统筹协调，更好形成移民管理工作合力，将公安部的出入境管理、边防检查职责整合，建立健全签证管理协调机制，组建国家移民管理局，加挂中华人民共和国出入境管理局牌子，由公安部管理。

主要职责是，协调拟订移民政策并组织实施，负责出入境管理、口岸证件查验和边民往来管理，负责外国人停留居留和永久居留管理、难民管理、国籍管理，牵头协调非法入境、非法居留、非法就业外国人治理和非法移民遣返，负责中国公民因私出入国（境）服务管理，承担移民领域国际合作等。

（四十二）组建国家林业和草原局

为加大生态系统保护力度，统筹森林、草原、湿地监督管理，加快建立以国家公园为主体的自然保护地体系，保障国家生态安全，将国家林业局的职责，农业部的草原监督管理职责，以及国土资源部、住房和城乡建设部、水利部、农业部、国家海洋局等部门的自然保护区、风景名胜区、自然遗产、地质公园等管理职责整合，组建国家林业和草原局，由自然资源部管理。国家林业和草原局加挂国家公园管理局牌子。

主要职责是，监督管理森林、草原、湿地、荒漠和陆生野生动植物资源开发利用和保护，组织生态保护和修复，开展造林绿化工作，管理国家公园等各类自然保护地等。

不再保留国家林业局。

（四十三）重新组建国家知识产权局

强化知识产权创造、保护、运用，是加快建设创新型国家的重要举措。为解决商标、专利分头管理和重复执法问题，完善知识产权管理体制，将国家知识产权局的职责、国家工商行政管理总局的商标管理职责、国家质量监督检验检疫总局的原产地地理标志管理职责整合，重新组建国家知识产权局，由国家市场监督管理总局管理。

主要职责是，负责保护知识产权工作，推动知识产权保护体系建设，负责商标、专利、原产地地理标志的注册登记和行政裁决，指导商标、专利执法工作等。商标、专利执法职责交由市场监管综合执法队伍承担。

（四十四）国务院三峡工程建设委员会及其办公室、国务院南水北调工程建设委员会及其办公室并入水利部

目前，三峡主体工程建设任务已经完成，南水北调东线和中线工程已经竣工。为加强对重大水利工程建设和运行的统一管理，理顺职责关系，将国务院三峡工程建设委员会及其办公室、国务院南水北调工程建设委员会及其办公室并入水利部。由水利部承担三峡工程和南水北调工程的运行管理、后续工程建设管理和移民后期扶持管理等职责。

不再保留国务院三峡工程建设委员会及其办公室、国务院南水北调工程建设委员会及其办公室。

（四十五）调整全国社会保障基金理事会隶属关系

为加强社会保障基金管理和监督，理顺职责关系，保证基金安全和实现保值增值目标，将全国社会保障基金理事会由国务院管理调整为由财政部管理，承担基金安全和保值增值的主体责任，作为基金投资运营机构，不再明确行政级别。

（四十六）改革国税地税征管体制

为降低征纳成本，理顺职责关系，提高征管效率，为纳税人提供更加优质高效便利服务，将省级和省级以下国税地税机构合并，具体承担所辖区域内各项税收、非税收入征管等职责。为提高社会保险资金征管效率，将基本养老保险费、基本医疗保险费、失业保险费等各项社会保险费交由税务部门统一征收。国税地税机构合并后，实行以国家税务总局为主与省（自治区、直辖市）政府双重领导管理体制。国家税务总局要会同省级党委和政府加强税务系统党的领导，做好党的建设、思想政治建设和干部队伍建设工作，优化各层级税务组织体系和征管职责，按照“瘦身”与“健身”相结合原则，完善结构布局和力量配置，构建优化高效统一的税收征管体系。

四、深化全国政协机构改革

人民政协是具有中国特色的制度安排，是社会主义协商民主的重要渠道和专门协商机构。要加强人民政协民主监督，增强人民政协界别的代表性，加强委员队伍建设，优化政协专门委员会设置。

（四十七）组建全国政协农业和农村委员会

将全国政协经济委员会联系农业界和研究

“三农”问题等职责调整到全国政协农业和农村委员会。

主要职责是，组织委员学习宣传党和国家农业农村方面的方针政策和法律法规，就“三农”问题开展调查研究，提出意见、建议和提案，团结和联系农业和农村界委员反映社情民意。

（四十八）全国政协文史和学习委员会更名为全国政协文化文史和学习委员会

将全国政协教科文卫体委员会承担的联系文化艺术界等相关工作调整到全国政协文化文史和学习委员会。

主要职责是，组织委员学习宣传党和国家文化艺术文史方面的方针政策和法律法规，就文化艺术文史问题开展调查研究，提出意见、建议和提案，团结和联系文化艺术文史界委员反映社情民意。

（四十九）全国政协教科文卫体委员会更名为全国政协教科卫体委员会

主要职责是，组织委员学习宣传党和国家教育、科技、卫生、体育方面的方针政策和法律法规，就教育、科技、卫生、体育问题开展调查研究，提出意见、建议和提案，团结和联系教育、科技、卫生、体育界委员反映社情民意。

五、深化行政执法体制改革

深化行政执法体制改革，统筹配置行政处罚职能和执法资源，相对集中行政处罚权，是深化机构改革的重要任务。根据不同层级政府的事权和职能，按照减少层次、整合队伍、提高效率的原则，大幅减少执法队伍种类，合理配置执法力量。一个部门设有多支执法队伍的，原则上整合为一支队伍。推动整合同一领域或相近领域执法队伍，实行综合设置。完善执法程序，严格执法责任，做到严格规范公正文明执法。

（五十）整合组建市场监管综合执法队伍

整合工商、质检、食品、药品、物价、商标、专利等执法职责和队伍，组建市场监管综合执法队伍。由国家市场监督管理总局指导。鼓励地方将其他直接到市场、进企业，面向基层、面对老百姓的执法队伍，如商务执法、盐业执法等，整合划入市场监管综合执法队伍。药品经营销售等行为的执法，由市县市场监管综合执法队伍统一承担。

（五十一）整合组建生态环境保护综合执法队伍

整合环境保护和国土、农业、水利、海洋等部门相关污染防治和生态保护执法职责、队伍，统一实行生态环境保护执法。由生态环境部指导。

（五十二）整合组建文化市场综合执法队伍

将旅游市场执法职责和队伍整合划入文化市场综合执法队伍，统一行使文化、文物、出版、广播电视、电影、旅游市场行政执法职责。由文化和旅游部指导。

（五十三）整合组建交通运输综合执法队伍

整合交通运输系统内路政、运政等涉及交通运输的执法职责、队伍，实行统一执法。由交通运输部指导。

（五十四）整合组建农业综合执法队伍

将农业系统内兽医兽药、生猪屠宰、种子、化肥、农药、农机、农产品质量等执法队伍整合，实行统一执法。由农业农村部指导。

继续探索实行跨领域跨部门综合执法，建立健全综合执法主管部门、相关行业管理部门、综合执法队伍间协调配合、信息共享机制和跨部门、跨区域执法协作联动机制。对涉及的相关法律法规及时进行清理修订。

六、深化跨军地改革

着眼全面落实党对人民解放军和其他武装力量的绝对领导，贯彻落实党中央关于调整武警部队领导指挥体制的决定，按照军是军、警是警、民是民原则，将列武警部队序列、国务院部门领导管理的现役力量全部退出武警，将国家海洋局领导管理的海警队伍转隶武警部队，将武警部队担负民事属性任务的黄金、森林、水电部队整体移交国家相关职能部门并改编为非现役专业队伍，同时撤收武警部队海关执勤兵力，彻底理顺武警部队领导管理和指挥使用关系。

（五十五）公安边防部队改制

公安边防部队不再列武警部队序列，全部退出现役。

公安边防部队转到地方后，成建制划归公安机关，并结合新组建国家移民管理局进行适当调整整合。现役编制全部转为人民警察编制。

（五十六）公安消防部队改制

公安消防部队不再列武警部队序列，全部退出现役。

公安消防部队转到地方后，现役编制全部转为行政编制，成建制划归应急管理部，承担灭火救援和其他应急救援工作，充分发挥应急救援主力军和国家队的作用。

（五十七）公安警卫部队改制

公安警卫部队不再列武警部队序列，全部退出现役。

公安警卫部队转到地方后，警卫局（处）由同级公安机关管理的体制不变，承担规定的警卫任务，现役编制全部转为人民警察编制。

（五十八）海警队伍转隶武警部队

按照先移交、后整编的方式，将国家海洋局（中国海警局）领导管理的海警队伍及相关职能全部划归武警部队。

（五十九）武警部队不再领导管理武警黄金、森林、水电部队

按照先移交、后整编的方式，将武警黄金、森林、水电部队整体移交国家有关职能部门，官兵集体转业改编为非现役专业队伍。

武警黄金部队转为非现役专业队伍后，并入自然资源部，承担国家基础性公益性地质工作任务和多金属矿产资源勘查任务，现役编制转为财政补助事业编制。原有的部分企业职能划转中国黄金总公司。

武警森林部队转为非现役专业队伍后，现役编制转为行政编制，并入应急管理部，承担森林灭火等应急救援任务，发挥国家应急救援专业队作用。

武警水电部队转为非现役专业队伍后，充分利用原有的专业技术力量，承担水利水电工程建设任务，组建为国有企业，可继续使用中国安能建设总公司名称，由国务院国有资产监督管理委员会管理。

（六十）武警部队不再承担海关执勤任务

参与海关执勤的兵力一次性整体撤收，归建武警部队。

为补充武警部队撤勤后海关一线监管力量缺口，海关系统要结合检验检疫系统整合，加大内部挖潜力度，同时通过核定军转编制接收一部分转业官兵，并通过实行购买服务、聘用安保人员等方式加以解决。

七、深化群团组织改革

群团组织改革要认真落实党中央关于群团改革的决策部署，健全党委统一领导群团工作的制度，紧紧围绕保持和增强政治性、先进性、群众性这条主线，强化问题意识，以更大力度、更实举措推进改革，着力解决“机关化、行政化、贵族化、娱乐化”等问题，把群团组织建设得更加充满活力、更加坚强有力。

牢牢把握改革正确方向，始终坚持党对群团组织的领导，坚决贯彻党的意志和主张，自觉服从服务党和国家工作大局，找准工作结合点和着力点，落实以人民为中心的工作导向，增强群团组织的吸引力影响力。要聚焦突出问题，改革机

关设置、优化管理模式、创新运行机制，坚持眼睛向下、面向基层，将力量配备、服务资源向基层倾斜，更好适应基层和群众需要。促进党政机构同群团组织功能有机衔接，支持和鼓励群团组织承接适合由群团组织承担的公共服务职能，增强群团组织团结教育、维护权益、服务群众功能，充分发挥党和政府联系人民群众的桥梁纽带作用。加强组织领导，加强统筹协调，加强分类指导，加强督察问责，认真总结经验，切实把党中央对群团工作和群团改革的各项要求落到实处。

八、深化地方机构改革

地方机构改革要全面贯彻落实党中央关于深化党和国家机构改革的决策部署，坚持加强党的全面领导，坚持省市县统筹、党政群统筹，根据各层级党委和政府的主要职责，合理调整和设置机构，理顺权责关系，改革方案按程序报批后组织实施。

深化地方机构改革，要着力完善维护党中央权威和集中统一领导的体制机制，省市县各级涉及党中央集中统一领导和国家法制统一、政令统一、市场统一的机构职能要基本对应。赋予省级及以下机构更多自主权，突出不同层级职责特点，允许地方根据本地区经济社会发展实际，在规定限额内因地制宜设置机构和配置职能。统筹设置党政群机构，在省市县对职能相近的党政机关探索合并设立或合署办公，市县要加大党政机关合并设立或合署办公力度。借鉴经济发达镇行政管理体制改革试点经验，适应街道、乡镇工作特点和便民服务需要，构建简约高效的基层管理体制。

加强各级党政机构限额管理，地方各级党委机构限额与同级政府机构限额统一计算。承担行政职能的事业单位，统一纳入地方党政机构限额管理。省级党政机构数额，由党中央批准和管理。市县两级党政机构数额，由省级党委实施严格管理。

强化机构编制管理刚性约束，坚持总量控制，严禁超编进人、超限额设置机构、超职数配备领导干部。结合全面深化党和国家机构改革，对编制进行整合规范，加大部门间、地区间编制统筹调配力度。在省（自治区、直辖市）范围内，打破编制分配之后地区所有、部门所有、单位所有的模式，随职能变化相应调整编制。

坚持蹄疾步稳、紧凑有序推进改革，中央和国家机关机构改革要在 2018 年年底前落实到位。省级党政机构改革方案要在 2018 年 9 月底前报党中央审批，在 2018 年年底前机构调整基本到位。省以下党政机构改革，由省级党委统一领导，在 2018 年年底前报党中央备案。所有地方机构改革任务在 2019 年 3 月底前基本完成。

深化党和国家机构改革是推进国家治理体系和治理能力现代化的一场深刻变革，是关系党和国家事业全局的重大政治任务。各地区各部门各单位要坚决维护以习近平同志为核心的党中央权威和集中统一领导，坚持正确改革方向，把思想和行动统一到党中央关于深化党和国家机构改革的重大决策部署上来，不折不扣落实党中央决策部署。要着力统一思想认识，把思想政治工作贯穿改革全过程，引导各级干部强化政治意识、大局意识、核心意识、看齐意识，领导干部要带头讲政治、顾大局、守纪律、促改革，坚决维护党中央改革决策的权威性和严肃性。要加强组织领导，各级党委和政府要把抓改革举措落地作为政治责任，党委（党组）主要领导要当好第一责任人，对党中央明确的改革任务要坚决落实到位，涉及机构变动、职责调整的部门，要服从大局，确保机构、职责、队伍等按要求及时调整到位，不允许搞变通、拖延改革。要加强对各地区各部门机构改革落实情况的督导检查。各地区各部门推进机构改革情况和遇到的重大问题及时向党中央报告请示。

国务院关于部委管理的国家局设置的通知

国发〔2018〕7号

各省、自治区、直辖市人民政府，国务院各部委、各直属机构：

根据党的十九届三中全会审议通过的《深化党和国家机构改革方案》、国务院第一次常务会议审议通过的国务院部委管理的国家局设置方案，现将部委管理的国家局设置通知如下：

国家信访局，由国务院办公厅管理。

国家粮食和物资储备局，由国家发展和改革委员会管理。

国家能源局，由国家发展和改革委员会管理。

国家国防科技工业局，由工业和信息化部管理。

国家烟草专卖局，由工业和信息化部管理。

国家移民管理局，由公安部管理。

国家林业和草原局，由自然资源部管理。

国家铁路局，由交通运输部管理。

中国民用航空局，由交通运输部管理。

国家邮政局，由交通运输部管理。

国家文物局，由文化和旅游部管理。

国家中医药管理局，由国家卫生健康委员会管理。

国家煤矿安全监察局，由应急管理部管理。

国家外汇管理局，由中国人民银行管理。

国家药品监督管理局，由国家市场监督管理总局管理。

国家知识产权局，由国家市场监督管理总局管理。

国家移民管理局加挂中华人民共和国出入境管理局牌子。国家林业和草原局加挂国家公园管理局牌子。国家公务员局在中央组织部加挂牌子，由中央组织部承担相关职责。国家档案局与中央档案馆、国家保密局与中央保密委员会办公室、国家密码管理局与中央密码工作领导小组办公室，一个机构两块牌子，列入中共中央直属机关的下属机构序列。

国务院

2018年3月22日

国务院办公厅关于印发《知识产权对外转让有关工作办法（试行）》的通知

国办发〔2018〕19号

各省、自治区、直辖市人民政府，国务院各部委、各直属机构：

《知识产权对外转让有关工作办法（试行）》已经国务院同意，现印发给你们，请认真贯彻执行。

国务院办公厅
2018年3月18日

知识产权对外转让有关工作办法（试行）

为贯彻落实总体国家安全观，完善国家安全制度体系，维护国家安全和重大公共利益，规范知识产权对外转让秩序，依据国家安全、对外贸易、知识产权等相关法律法规，制定本办法。

一、审查范围

（一）技术出口、外国投资者并购境内企业等活动中涉及本办法规定的专利权、集成电路布图设计专有权、计算机软件著作权、植物新品种权等知识产权对外转让的，需要按照本办法进行审查。所述知识产权包括其申请权。

（二）本办法所述知识产权对外转让，是指中国单位或者个人将其境内知识产权转让给外国企业、个人或者其他组织，包括权利人的变更、知识产权实际控制人的变更和知识产权的独占实施许可。

二、审查内容

（一）知识产权对外转让对我国国家安全的影响。

（二）知识产权对外转让对我国重要领域核心关键技术创新发展能力的影响。

三、审查机制

（一）技术出口中涉及的知识产权对外转让审查

1. 在技术出口活动中，出口技术为我国政府明确的禁止出口限制出口技术目录中限制出口的技术时，涉及专利权、集成电路布图设计专有权、计算机软件著作权等知识产权的，应当进行审查。

2. 地方贸易主管部门收到技术出口经营者提交的中国限制出口技术申请书后，涉及专利权、集成电路布图设计专有权等知识产权对外转让的，应将相关材料转至地方知识产权管理部门。地方知识产权管理部门收到相关材料后，应对拟转让的知识产权进行审查并出具书面意见书，反馈至地方贸易主管部门，同时报国务院知识产权主管部门备案。

3. 地方贸易主管部门应当依据地方知识产权管理部门出具的书面意见书，并按照《中华人民共和国技术进出口管理条例》等有关规定作出审查决定。

4. 涉及计算机软件著作权对外转让的，由地方贸易主管部门和科技主管部门按照《中华人民共和国技术进出口管理条例》、《计算机软件保护条例》等有关规定进行审查。对外转让的计算机软件著作权已经在计算机软件登记机构登记的，地方贸易主管部门应当将审查结果及时通知计算机软件登记机构。经审查不得转让的，计算机软件登记机构在接到通知后，不得办理权属变更登记手续。

5. 涉及植物新品种权对外转让的，由农业主管部门和林业主管部门根据《中华人民共和国植物新品种保护条例》等有关规定，按照职责进行审查，重点审查内容为拟转让的植物新品种权对我国农业安全特别是粮食安全和种业安全的影响。

（二）外国投资者并购境内企业安全审查中涉及的知识产权对外转让审查

1. 外国投资安全审查机构在对外国投资者并购境内企业进行安全审查时，对属于并购安全审查范围并且涉及知识产权对外转让的，应当根据拟转让知识产权的类别，将有关材料转至相关主管部门征求意见。涉及专利权、集成电路布图设计专有权的，由国务院知识产权主管部门负责；涉及计算机软件著作权的，由国家版权主管部门负责；涉及植物新品种权的，由国务院农业主管部门和林业主管部门按职责分别负责。

2. 相关主管部门应及时进行审查并出具书面意见书，反馈至外国投资安全审查机构。外国投资安全审查机构应当参考相关主管部门出具的书面意见书，按照有关规定作出审查决定。

四、其他事项

（一）相关主管部门应当制定审查细则，明确审查材料、审查流程、审查时限、工作责任等。

（二）在知识产权对外转让审查最终决定作出后，涉及知识产权权属变更的，转让双方应当按照相关法律法规办理变更手续。

（三）相关主管部门工作人员应当保守知识产权对外转让双方的商业秘密。

（四）知识产权对外转让涉及国防安全的，按照国家有关规定办理，不适用本办法。

（五）本办法自印发之日起试行。

国家发展和改革委员会　科学技术部
公安部　国家知识产权局
关于在全面创新改革试验区域深入
推进知识产权保护体制机制改革的通知

发改高技〔2018〕16号

北京市、天津市、河北省、辽宁省、上海市、安徽省、湖北省、广东省、四川省、陕西省人民政府：

为贯彻落实习近平总书记在中央财经领导小组第十六次会议上关于加强知识产权保护的有关重要讲话精神，进一步深化知识产权保护制度改革，经研究，决定在8个全面创新改革试验区域部署一批改革举措，力争在知识产权保护方面取得实质性突破，营造激励创新的良好氛围。现将有关事项通知如下：

一、抓好知识产权保护改革成果的复制推广。各改革试验区域要认真落实《国务院办公厅关于推广支持创新相关改革举措的通知》（国办发〔2017〕80号）要求，切实抓好“专利快速审查、确权、维权一站式服务”改革举措的复制推广工作，缩短专利审查周期，提升知识产权维权效率，降低企业维权成本，激发企业创新的动力与活力。

二、积极探索知识产权综合管理改革。各改革试验区域要结合本地区实际情况，推动形成权界清晰、分工合理、责权一致、运转高效的知识产权综合管理体制，打通知识产权创造、运用、保护、管理、服务全链条，实现各类知识产权的综合效益。扎实推进知识产权强省、强市建设，在优势产业集聚区建设一批知识产权保护中心，努力创建知识产权保护示范区。

三、积极探索知识产权保护新机制。各改革试验区域要细化知识产权行政裁量标准，优化行政执法调查取证制度和执法程序，通过依法没收、查封、扣押、销毁侵权产品等手段，严厉打击严重恶意侵权、反复侵权等恶性违法行为。

四、积极探索建立知识产权行政执法与刑事司法衔接新机制。各改革试验区域要加快建立知识产权侵权纠纷行政调解前置、调解协议司法确认和证据互认制度，加强侵犯知识产权涉嫌犯罪案件的移送和立案查处工作。强化知识产权行政、刑事保护工作专门力量建设，突出对新技术、新业态知识产权保护，建立防范、维权和惩治侵犯相关专利权、商业秘密的一体化工作机制。各区域间、各区域与其他地方间要探索协调联动的工作机制，加强对跨地区侵犯知识产权违法犯罪活动的防范和打击。

五、继续落实国务院授权先行先试的知识产权保护改革举措。各改革试验区域要结合国务院批复的试验方案，抓紧推进知识产权保护相关改革举措的先行先试，加快形成可复制推广的改革成果。其中，京津冀区域要重点抓好知识产权服务一体化改革工作，加快建立跨区域立案协作、委托取证、案件协办、联合执法、案件移送与结果互认机制。

六、新增改革举措要纳入全面创新改革试验重点任务。各改革试验区域要把推进知识产权综合管理改革、探索知识产权保护新机制、建立知识产权行政执法与刑事司法衔接新机制等 3 项改革举措，作为 2018 年度全面创新改革试验重点改革任务，力争明年上半年取得实质性突破，年底前形成一批可向全国复制推广的改革成果。

七、研究制定、细化落实工作方案。各改革试验区域要针对上述各项改革举措，逐一制定具体实施方案，逐一明确预期成果，逐一分解改革试验任务，逐一明确具体责任单位和责任人；要强化督促检查，建立工作台账，及时研究解决落实过程中出现的新情况新问题。

国家发展和改革委员会
科学技术部
公安部
国家知识产权局
2018 年 1 月 4 日

国家认证认可监督管理委员会 国家知识产权局关于联合发布《知识产权认证管理办法》的公告

（2018 年第 5 号）

根据《中华人民共和国认证认可条例》《认证机构管理办法》，国家认监委、国家知识产权局联合制定了《知识产权认证管理办法》，现予以发布。

国家认证认可监督管理委员会
国家知识产权局
2018 年 2 月 11 日

知识产权认证管理办法

第一章　总　则

第一条　为了规范知识产权认证活动，提高其有效性，加强监督管理，根据《中华人民共和国专利法》《中华人民共和国商标法》《中华人民共和国著作权法》《中华人民共和国认证认可条例》《认证机构管理办法》等法律、行政法规以及部门规章的规定，制定本办法。

第二条　本办法所称知识产权认证，是指由认证机构证明法人或者其他组织的知识产权管理体系、知识产权服务符合相关国家标准或者技术规范的合格评定活动。

第三条　知识产权认证包括知识产权管理体系认证和知识产权服务认证。

知识产权管理体系认证是指由认证机构证明法人或者其他组织的内部知识产权管理体系符合相关国家标准或者技术规范要求的合格评定活动。

知识产权服务认证是指由认证机构证明法人或者其他组织提供的知识产权服务符合相关国家标准或者技术规范要求的合格评定活动。

第四条　国家认证认可监督管理委员会（以下简称国家认监委）、国家知识产权局按照统一管理、分工协作、共同实施的原则，制定、调整和发布认证目录、认证规则，并组织开展认证监督管理工作。

第五条　知识产权认证坚持政府引导、市场驱动，实行目录式管理。

第六条 国家鼓励法人或者其他组织通过开展知识产权认证提高其知识产权管理水平或者知识产权服务能力。

第七条 知识产权认证采用统一的认证标准、技术规范和认证规则，使用统一的认证标志。

第八条 在中华人民共和国境内从事知识产权认证及其监督管理适用本办法。

第二章 认证机构和认证人员

第九条 从事知识产权认证的机构（以下简称认证机构）应当依法设立，符合《中华人民共和国认证认可条例》《认证机构管理办法》规定的条件，具备从事知识产权认证活动的相关专业能力要求，并经国家认监委批准后，方可从事批准范围内的认证活动。

国家认监委在批准认证机构资质时，涉及知识产权专业领域问题的，可以征求国家知识产权局意见。

第十条 认证机构可以设立分支机构、办事机构，并自设立之日起 30 日之内向国家认监委和国家知识产权局报送相关信息。

第十一条 认证机构从事认证审核（审查）的人员应当为专职认证人员，满足从事知识产权认证活动所需的相关知识与技能要求，并符合国家认证人员职业资格的相关要求。

第三章 行为规范

第十二条 认证机构应当建立风险防范机制，对其从事认证活动可能引发的风险和责任，采取合理、有效的防范措施。

第十三条 认证机构不得从事与其认证工作相关的咨询、代理、培训、信息分析等服务以及产品开发和营销等活动，不得与认证咨询机构和认证委托人在资产、管理或者人员上存在利益关系。

第十四条 认证机构及其认证人员对其从业活动中所知悉的国家秘密、商业秘密和技术秘密负有保密义务。

第十五条 认证机构应当履行以下职责：

（一）在批准范围内开展认证工作；

（二）对获得认证的委托人出具认证证书，允许其使用认证标志；

（三）对认证证书、认证标志的使用情况进行跟踪检查；

（四）对认证的持续符合性进行监督审核；

（五）受理有关的认证申诉和投诉。

第十六条 认证机构应当建立保证认证活动规范有效的内部管理、制约、监督和责任机制，并保证其持续有效。

第十七条 认证机构应当对分支机构实施有效管理，规范其认证活动，并对其认证活动承担相应责任。

分支机构应当建立与认证机构相同的管理、制约、监督和责任机制。

第十八条 认证机构应当依照《认证机构管理办法》的规定，公布并向国家认监委报送相关信息。

前款规定的信息同时报送国家知识产权局。

第十九条 认证机构应当建立健全人员管理制度以及人员能力准则，对所有实施审核（审查）和认证决定等认证活动的人员进行能力评价，保证其能力持续符合准则要求。

认证人员应当诚实守信，恪尽职守，规范运作。

第二十条 认证机构及其认证人员应当对认证结果负责并承担相应法律责任。

第四章 认证实施

第二十一条 认证机构从事认证活动，应当按照知识产权认证基本规范、认证规则的规定从事认证活动，作出认证结论，确保认证过程完整、客观、真实，不得增加、减少或者遗漏认证基本规范、认证规则规定的程序要求。

第二十二条　知识产权管理体系认证程序主要包括对法人或者其他组织经营过程中涉及知识产权创造、运用、保护和管理等文件和活动的审核，获证后的监督审核，以及再认证审核。

知识产权服务认证程序主要包括对提供知识产权服务的法人或者其他组织的服务质量特性、服务过程和管理实施评审，获证后监督审查，以及再认证评审。

第二十三条　被知识产权行政管理部门或者其他部门责令停业整顿，或者纳入国家信用信息失信主体名录的认证委托人，认证机构不得向其出具认证证书。

第二十四条　认证机构应当对认证全过程作出完整记录，保留相应认证记录、认证资料，并归档留存。认证记录应当真实、准确，以证实认证活动得到有效实施。

第二十五条　认证机构应当在认证证书有效期内，对认证证书持有人是否持续满足认证要求进行监督审核。初次认证后的第一次监督审核应当在认证决定日期起 12 个月内进行，且两次监督审核间隔不超过 12 个月。每次监督审核内容无须与初次认证相同，但应当在认证证书有效期内覆盖整个体系的审核内容。

认证机构根据监督审核情况作出认证证书保持、暂停或者撤销的决定。

第二十六条　认证委托人对认证机构的认证决定或者处理有异议的，可以向认证机构提出申诉或者投诉。对认证机构处理结果仍有异议的，可以向国家认监委或者国家知识产权局申诉或者投诉。

第五章　认证证书和认证标志

第二十七条　知识产权认证证书（以下简称认证证书）应当包括以下基本内容：

（一）认证委托人的名称和地址；

（二）认证范围；

（三）认证依据的标准或者技术规范；

（四）认证证书编号；

（五）认证类别；

（六）认证证书出具日期和有效期；

（七）认证机构的名称、地址和机构标志；

（八）认证标志；

（九）其他内容。

第二十八条　认证证书有效期为 3 年。

有效期届满需再次认证的，认证证书持有人应当在有效期届满 3 个月前向认证机构申请再认证，再认证的认证程序与初次认证相同。

第二十九条　知识产权认证采用国家推行的统一的知识产权认证标志（以下简称认证标志）。认证标志的样式由基本图案、认证机构识别信息组成。知识产权管理体系认证基本图案见图 1 所示，知识产权服务认证体系的基本图案见图 2 所示，其中 ABCDE 代表机构中文或者英文简称：

图 1　知识产权管理体系认证基本图案

图 2　知识产权服务认证基本图案

第三十条　认证证书持有人应当正确使用认证标志。

认证机构应当按照认证规则的规定，针对不同情形，及时作出认证证书的变更、暂停或者撤销处理决定，且应当采取有效措施，监督认证证书持有人正确使用认证证书和认证标志。

第三十一条 认证机构应当向公众提供查询认证证书有效性的方式。

第三十二条 任何组织和个人不得伪造、变造、冒用、非法买卖和转让认证证书和认证标志。

第六章 监督管理

第三十三条 国家认监委和国家知识产权局建立知识产权认证监管协同机制，对知识产权认证机构实施监督检查，发现违法违规行为的，依照《中华人民共和国认证认可条例》《认证机构管理办法》等法律法规的规定进行查处。

第三十四条 地方各级质量技术监督部门和各地出入境检验检疫机构（以下统称地方认证监管部门）、地方知识产权行政管理部门依照各自法定职责，建立相应的监管协同机制，对所辖区域内的知识产权认证活动实施监督检查，查处违法违规行为，并及时上报国家认监委和国家知识产权局。

第三十五条 认证机构在资质审批过程中存在弄虚作假、隐瞒真实情况或者不再符合认证机构资质条件的，由国家认监委依法撤销其资质。

第三十六条 认证人员在认证过程中出具虚假认证结论或者认证结果严重失实的，依照国家关于认证人员的相关规定处罚。

第三十七条 认证机构、认证委托人和认证证书持有人应当对认证监管部门实施的监督检查工作予以配合，对有关事项的询问和调查如实提供相关材料和信息。

第三十八条 违反有关认证认可法律法规的违法行为，从其规定予以处罚。

第三十九条 任何组织和个人对知识产权认证违法违规行为，有权向各级认证监管部门、各级知识产权行政管理部门举报。各级认证监管部门、各级知识产权行政管理部门应当及时调查处理，并为举报人保密。

第七章 附 则

第四十条 本办法由国家认监委、国家知识产权局负责解释。

第四十一条 本办法自 2018 年 4 月 1 日起施行。国家认监委和国家知识产权局于 2013 年 11 月 6 日印发的《知识产权管理体系认证实施意见》（国认可联〔2013〕56 号）同时废止。

附件

知识产权认证目录

序号	认证项目	认证类别	认证依据
1	企业知识产权管理体系认证	知识产权管理体系	《企业知识产权管理规范》（GB/T 29490—2013）
2	高等学校知识产权管理体系认证		《高等学校知识产权管理规范》（GB/T 33251—2016）
3	科研组织知识产权管理体系认证		《科研组织知识产权管理规范》（GB/T 33250—2016）

深入学习贯彻党的十九大精神
奋力开创新时代知识产权事业改革发展新局面

——申长雨在2018年全国知识产权局局长会议上的报告（摘编）

（2018年1月4日）

2017年主要工作进展

过去一年，全国知识产权系统认真学习贯彻习近平新时代中国特色社会主义思想和党的十九大精神，牢固树立“四个意识”，不断增强“四个自信”，坚决维护以习近平同志为核心的党中央权威和集中统一领导，始终在思想上政治上行动上同以习近平同志为核心的党中央保持高度一致，坚决贯彻落实党中央、国务院决策部署，真抓实干，攻坚克难，改革创新，圆满完成全年主要目标任务，知识产权事业实现又好又快发展。

2017年，发明专利申请量138.2万件，同比增长14.2%，审结74.4万件，授权周期稳定在22个月。PCT国际专利申请受理量5.1万件，同比增长12.5%。实用新型和外观设计申请量分别为168.8万件和62.9万件。国内（不含港澳台）发明专利拥有量为135.6万件，每万人口发明专利拥有量达到9.8件。受理专利无效宣告案件4565件，同比增长15%，审结4216件。专利行政执法办案量6.7万件，同比增长36.3%。知识产权保护社会满意度由2016年的72.38分提高到2017年的76.69分。专利质押融资额720亿元，同比增长65%。知识产权使用费出口额超过40亿美元。知识产权贯标企业达到2.6万家。知识产权示范和优势企业达到2788家。全国中小学知识产权教育试点学校达到112家。培训各类知识产权人员超过50万人次。新评选出中国专利金奖20项，外观设计金奖5项，优秀奖870项，金奖获奖项目实现新增销售额939亿元。

2017年，我们主要开展了以下工作。

一是统筹推进知识产权强国建设。组织召开国务院知识产权战略实施工作部际联席会议和知识产权工作座谈会，印发深入实施知识产权战略、加快知识产权强国建设年度推进计划，启动国家知识产权战略纲要实施十年评估。统筹推进知识产权强省、强市、强企建设，国家知识产权局与陕西、四川、广东、山东、浙江、深圳等地开展合作会商。重点支持13个地方分类开展强省建设试点，14个城市开展强市创建工作，制定知识产权强企建设方案，分层分类、协调发展的知识产权强国建设工作格局正在逐步形成。印发“十三五”国家知识产权保护和运用规划重点任务分工方案。全面实施专利审查、信息化、专利代理行业、知识产权人才、国际合作等专项规划。各省市相继出台知识产权强省建设实施方案和知识产权“十三五”规划。

二是深化知识产权领域改革。在厦门、青岛、深圳、长沙、苏州、上海徐汇区等 6 个地方开展知识产权综合管理改革试点，探索更加高效的知识产权综合管理体制。其中，长沙、深圳改革取得突破性进展，其他几个地方的改革也在加快推进，上海浦东、成都郫都区改革成效不断显现。专利快速审查、确权、维权一站式服务和专利权质押融资新模式被国务院纳入支持创新改革举措推广清单。深入推进“放管服”改革，全年累计减免专利费用 58 亿元，减少提交各类材料 269.8 万份。出台实施专利优先审查管理办法，支撑重点产业创新发展。在四川等 12 个省份开展专利代理行业改革试点。

三是完善知识产权法律法规。《专利法修正案（草案）》和《专利代理条例（修订草案）》报请国务院常务会议审议。探索完善职务发明制度可行路径。深入落实《法治政府建设实施纲要》，按计划完成年度任务。修改《专利审查指南》和《关于规范专利申请行为的若干规定》等部门规章。研究知识产权在民法典中独立成编的可行性。深化新业态新领域创新成果知识产权保护制度研究。河北、湖北等地完成专利条例制修订工作。

四是全面提升专利质量。深入实施专利质量提升工程，大力培育高价值核心专利，在信息通信、航空航天、高铁、核能等领域形成一批拥有自主知识产权的核心技术。严格依法审查，建立审查质量双监督、双评价工作机制，审查质量社会满意度持续提升，对申请质量的正向传导作用逐步显现。强化专利评价质量导向，加大对地方专利质量的考核，指导和支持地方优化专利政策，26 个省份进行专利申请资助政策调整。运用专利导航开展区域创新质量评价。对 10 个存在申请异常的地方进行核查通报。江苏、重庆、湖北等地积极开展高价值专利培育工作。陕西等地认真做好高校、科研机构知识产权管理贯标工作。

五是严格知识产权保护。推进快速审查、快速确权、快速维权协调联动，知识产权保护中心和快速维权中心达到 31 家。落实《关于严格专利保护的若干意见》，26 个省份制定细化方案。广东、江苏等地深入开展“护航”“雷霆”等专项行动，严厉打击展会、电商等重点领域和关键环节侵权违法行为。浙江电商领域执法维权工作成效显著。推进京津冀、长江经济带、粤港澳等跨地区执法协作。加强与公安、海关等跨部门执法联动。知识产权举报投诉与维权援助服务网络基本覆盖全国。在京津冀、山东等地开展知识产权纠纷仲裁调解试点，培育 38 家知识产权调解组织，调解案件 3800 余件。知识产权保护规范化市场达到 62 家。

六是促进知识产权转化运用。持续深化知识产权权益分配改革，多所高校和科研院所实现专利高价值转移转化。知识产权运营平台体系基本建成，国家知识产权运营公共服务平台和西安、珠海特色试点平台投入运行。在宁波、成都等 8 个城市开展知识产权运营服务体系建设。在 13 个行业、17 个园区、115 家企业开展专利导航试点。河南开展省级专利导航实验区建设，福建实施“1+10”专利导航产业发展创新计划。积极探索开展知识产权行业布局和区域布局，备案建设北斗导航、现代矿业等 100 个产业知识产权联盟。全国 10 个专利代办处开展专利权质押融资登记工作。广东、四川成功举办知识产权交易会。

七是提高知识产权服务能力。开展专利代理“挂证”集中治理，进一步规范市场秩序。全国专利代理机构达到 1824 家，执业专利代理人达到 16367 人。知识产权分析评议示范创建机构达到

122家。国家知识产权服务业集聚发展示范区达到5家，知识产权服务品牌培育机构达到145家。全国专利信息公共服务体系成员单位达到44家。在湖南等4地开展“知识产权走基层、服务经济万里行”活动，在河北、重庆等4省市开展知识产权服务品牌机构牵手区域经济发展活动。四川、广西等地积极开展知识产权精准扶贫。建设国际知识产权信息平台“智南针”网，提供近200个国家和地区的1400多部法律法规信息，服务企业“走出去”。

八是加强知识产权国际合作。习近平主席见证中国与塔吉克斯坦政府间知识产权合作谅解备忘录、国家知识产权局与瑞士联邦知识产权局谅解备忘录的签署。李克强总理见证国家知识产权局与澳大利亚、新西兰、菲律宾等国知识产权机构合作协议的签署。在“一带一路”国际合作高峰论坛期间，国家知识产权局代表中国政府与世界知识产权组织签署加强“一带一路”知识产权合作协议，同时双方签署通过设立信托基金招聘职员的谅解备忘录。积极参与中美欧日韩发明和外观设计五局合作以及中蒙俄、中日韩三局合作。推动知识产权合作列入金砖国家整体合作框架。成功举办中国－东盟知识产权局局长会，中非、中国－维斯格拉德集团、博鳌亚洲论坛知识产权研讨会。与欧洲专利局建立全面战略伙伴关系。柬埔寨成为首个在其国内认可中国专利授权结果的国家。与23个国家开通专利审查高速路。全年签署知识产权多双边合作协议52项。

九是夯实知识产权事业发展基础。知识产权“大宣传”格局基本形成。成功举办“4·26”世界知识产权日、全国知识产权宣传周、知识产权保护高层论坛等大型活动。举办以“专利助推实体经济发展”为主题的中国专利年会，实现年会层次、内涵、规模全面提升。湖南组织制作首部专利电视专题片《国之利器》，引发广泛反响。深入推进中小学知识产权教育试点示范工作，18个省份开展省级试点示范。全国100多所高校设置知识产权学院或专业。积极探索完善知识产权职称制度。大力推进知识产权智库建设。在北京、河南、湖北、四川、广东、福建等省市的大力支持下，各专利审查协作中心永久业务用房陆续建成并投入使用。专利文献资源达到539种，专利文献量达到1.13亿件，国家级专利信息传播利用基地和专利文献服务网点达到130多家。

十是扎实推进全面从严治党。全系统认真贯彻落实党中央全面从严治党部署要求，扎实推进党的建设各项工作。深入推进“两学一做”学习教育常态化制度化，认真落实“三会一课”制度，加强各级党组织和党员队伍建设。巩固拓展落实中央八项规定精神成果，持之以恒纠正“四风”。以“零容忍”的态度惩治腐败，强化不敢腐的震慑，扎牢不能腐的“笼子”，增强不想腐的自觉，为各项工作开展提供了坚强政治保证。

2017年各项成绩的取得，是党中央、国务院正确领导的结果，是各部门各地方大力支持的结果，是全系统干部职工团结奋斗的结果，是全社会积极参与的结果。在此，我谨代表国家知识产权局，向兄弟部门和社会各界，向全系统广大干部职工表示衷心的感谢！

五年来实践探索积累的有益经验

党的十八大以来的五年是知识产权系统砥砺奋进的五年，也是知识产权事业硕果累累的五年。五年来，在以习近平同志为核心的党中央坚强领导下，我们在知识产权顶层设计、创造运用、保护管理、国际合作、基础建设等各个方面，都取得了令人瞩目的巨大成就，获得了国内外的高度评价。特别是习近平总书记多次对知识产权工作作出重要指示，为知识产权事业发展指明了努力方向，提供了根本遵循。中央全面深化改革领导小组审议通过知识产权综合管理改革试点总体方案。国务院印发新形势下加快知识产权强国建设的若干意见，对知识产权强国建设作出重要部署。加快建设知识产权强国分别写入《国家创新驱动发展战略纲要》、国家“十三五”规划纲要和政府工作报告等重要文件。首次将知识产权保护和运用规划纳入国家五年重点专项规划。国家知识产权战略实施工作部际联席会议升格为国务院知识产权战略实施工作部际联席会议。中央明确提出实行严格的知识产权保护制度，专项支持知识产权运营体系和运营平台建设。初步建立“一带一路”知识产权国际合作常态化机制。世界知识产权组织中国办事处正式设立。年发明专利申请量和国内有效发明专利拥有量相继突破100万件，成为推动世界知识产权增长的主要力量，涌现出一批国际知名的知识产权优势企业。这一系列重要突破，都为新时代知识产权强国建设奠定了坚实基础。

一是必须强化知识产权事业发展顶层设计。要站位党和国家事业发展全局，深入贯彻落实习近平新时代中国特色社会主义思想，不断强化党对知识产权事业的领导，按照党中央、国务院决策部署，加强事业发展顶层设计，理清事业发展的战略目标、战略思路和战略举措，努力使知识产权事业发展与国家战略部署相协调、相一致，提供有力支撑。

二是必须遵循知识产权事业发展的客观规律。要把握好知识产权制度的基本功能和知识产权事业发展的基本方位，充分认识知识产权制度是完善社会主义市场经济体制的重要内容，是激励创新的基本保障，是国际贸易的通行规则。要积极构建适应中国国情、具有中国特色的知识产权制度，有效保护各类市场主体和创新主体的知识产权，营造良好的创新环境和营商环境，促进国家创新发展和对外开放。

三是必须找准知识产权事业发展的有效路径。要贯彻落实新发展理念，深入实施国家知识产权战略，聚焦创造、运用、保护、管理、服务等关键环节，谋划和实施一批重大政策、重大工程、重大项目，努力在重点领域和关键环节实现突破，以重点突破带动全局提升。要坚持点线面结合、局省市联动、国内外统筹，构建分层分类、协调发展的知识产权强国建设工作体系。

四是必须增强知识产权事业发展的内在动力。要充分发挥市场在配置创新资源中的决定性作用，用改革的办法破解发展的难题，不断提高知识产权治理能力和治理水平。要充分调动全系统干部职工干事创业热情，大力弘扬务实体现能力、落实方显水平的工作导向，狠抓工作落实，推动务实发展。要坚持全面从严治党，努力营造风清气正的政治环境，为事业发展提供有力保证。

在充分肯定成绩的同时，我们也清醒地认识到，面对新形势新任务新要求，我国知识产权事业发展仍面临一系列深层次矛盾和问题，法律制度尚不完善，体制机制尚不健全，整体质量有待提高，保护效果与社会期待仍有差距，运用效益尚未充分显现，国际影响力还有待提升。所有这些都需要我们在今后的工作中认真加以解决。

深入学习贯彻习近平新时代中国特色社会主义思想和党的十九大精神，准确把握知识产权事业发展的新形势新任务新要求

党的十九大是在全面建成小康社会决胜阶段、中国特色社会主义进入新时代的关键时期召开的一次十分重要的大会。大会将习近平新时代中国特色社会主义思想写入党章，确立为党的行动指南，具有重大的现实意义和深远的历史意义，必须长期坚持。十九大报告强调，要“倡导创新文化，强化知识产权创造、保护、运用”，为知识产权事业发展指明了方向，明确了重点。我们要深入学习领会习近平新时代中国特色社会主义思想，准确把握新时代知识产权事业发展新目标，聚焦解决社会新的主要矛盾，认真落实中央关于稳中求进和高质量发展的新要求，着力推动知识产权事业实现新发展。

一是深入学习领会习近平新时代中国特色社会主义思想。党的十八大以来，习近平总书记带领全党全国人民，顺应时代发展，从理论和实践结合上系统回答了新时代坚持和发展什么样的中国特色社会主义、怎样坚持和发展中国特色社会主义这个重大时代课题，创立了习近平新时代中国特色社会主义思想，这在我们党的历史上具有划时代意义。习近平新时代中国特色社会主义思想是马克思主义中国化最新成果，是中国特色社会主义理论体系的重要组成部分，是全党全国人民为实现中华民族伟大复兴而奋斗的行动指南。习近平新时代中国特色社会主义思想内涵十分丰富，涵盖“五位一体”总体布局和“四个全面”战略布局各个方面，其中也蕴含着对知识产权领域实践经验的总结和理论创新的升华。

党的十八大以来，习近平总书记就知识产权法律制度建设、知识产权综合管理改革、自主知识产权核心技术创造、实施严格的知识产权保护制度等作出了一系列重要指示，提出了“保护知识产权就是保护创新”“产权保护特别是知识产权保护是塑造良好营商环境的重要方面”“要打通知识产权创造、运用、保护、管理、服务全链条”等重要论断，进一步明确了知识产权的功能定位，赋予了知识产权新的时代内涵，丰富了中国特色知识产权思想理论。这是习近平新时代中国特色社会主义思想在知识产权领域的具体要求，是知识产权发展一般规律与我国实践探索相结合的科学概括，是做好新时代知识产权工作的根本遵循和行动指南。我们要自觉用习近平新时代中国特色社会主义思想武装头脑、指导实践、推动工作，使加快知识产权事业发展成为贯彻落实习近平新时代中国特色社会主义思想的生动实践。

二是准确把握新时代知识产权事业发展新目标。党的十九大作出了中国特色社会主义进入新时代的重大判断，为我国发展明确了新的历史方位，强调要在2020年全面建成小康社会的基础上，分两步走建成社会主义现代化强国。中国特色社会主义进入新时代，意味着中华民族迎来了从站起来、富起来到强起来的伟大飞跃。伴随着改革开放的历史进程，知识产权事业也经历了从无到有、从小到大的历史性跨越，实现了从制度引进到适应国情、植根本土的重要转变，有力地促进了国家由计划经济向社会主义市场经济的转型，在国家经济社会发展全局中的地位和作用日益凸显。

站在新的历史起点上，我们要准确把握新时代中国特色社会主义发展的新目标，按照十九大提出的“两步走”战略部署，认真谋划好知识产权事业未来的发展。要按照党中央、国务院既定部署，抓好工作落实，确保到2020年国家知识产权战略纲要各项目标任务顺利完成，知识产权大国地位牢固确立。要把握从2020年到本世纪中叶知识产权强国建设的重大战略机遇期，分两步走建成知识产权强国。首先，从2020年到2035年，力争经过15年的努力，基本建成知识产权强国，使知识产权创造、运用、保护、管理和服务跻身国际先进行列，让知识产权成为驱动创新发展的强劲动力。接下来，从2035年到本世纪中叶，再奋斗15年，全面建成中国特色、世界水平的知识产权强国，使我国知识产权创造、运用、保护、管理和服务居于世界领先水平，让知识产权成为经济社会发展强有力的技术和制度支撑。

三是积极发挥知识产权在解决社会主要矛盾中的作用。党的十九大报告指出，中国特色社会主义进入新时代，我国社会主要矛盾已经转化为人民日益增长的美好生活需要和不平衡不充分的发展之间的矛盾。推动解决社会主要矛盾，是知识产权工作的重要出发点和落脚点。我们要主动适应我国社会主要矛盾的变化，充分发挥知识产权的技术供给和制度供给双重作用，促进新的社会主要矛盾解决。

首先，要发挥好知识产权的技术供给作用。知识产权是产权化了的创新成果，代表着先进的生产力，其产出和布局情况，直接影响着一个行业、一个区域乃至一个国家的发展水平与核心竞争力。要加强知识产权的创造和运用，努力提高对实体经济的技术供给水平，不断为实体经济发展注入新的动力。要着力通过知识产权行业布局解决好发展不充分的问题，通过知识产权区域布局解决好发展不平衡的问题，通过知识产权海外布局推动我国产业迈向全球价值链中高端，更好地满足人民群众对美好生活的需要。其次，要发挥好知识产权的制度供给作用。知识产权制度是激励创新的基本保障，是国际贸易的通行规则，在营造良好创新环境和营商环境方面扮演着至关重要的角色。我们要通过完善知识产权法律制度，推动构建更加公平公正、开放透明的法治和市场环境，让一切创新成果得到有效保护，一切创新源泉得到充分涌流，一切创新热情得到持续激发，促进人的全面发展和社会全面进步。

四是认真落实中央关于稳中求进和高质量发展的新要求。党的十九大报告指出，我国经济已由高速增长阶段转向高质量发展阶段，必须坚持质量第一，效益优先，推动经济发展质量变革、效率变革、动力变革，不断增强我国经济创新力和竞争力。中央经济工作会议强调，推动高质量发展是当前和今后一个时期确定发展思路、制定经济政策、实施宏观调控的根本要求。稳中求进工作总基调是治国理政的重要原则，要长期坚持。这些重大判断和重要论述，既是做好经济工作的指导方针，也是做好知识产权工作的根本要求。

要努力推动知识产权事业稳中求进、高质量发展。所谓“稳”，重点是在数量上稳，使专利申请量增长保持在合理区间，与经济增长速度和科技创新水平相协调、相匹配。所谓“进”，重点是在质量上进，要加快形成知识产权事业高质量发展的指标体系、政策体系、统计体系和考核体系，全面提高知识产权创造质量、保护效果、运用效益、管理效能和国际影响力。必须深刻把握“稳”与“进”的辩证关系，没有“稳”的“进”难以持久，没有“进”的“稳”等同于原地踏步，稳中求进方能持续发展。同时要深刻认识到，“稳”和“进”都是干出来的，坐等其成绝不会有“稳”，无所作为更不会有“进”。必须以“稳”为前提，以“进”为目的，努力实现高质量发展。

五是着力推动知识产权事业实现新发展。党的十九大报告指出，发展是解决我国一切问题的基础和关键。实现两个“一百年”奋斗目标、实现中华民族伟大复兴的中国梦，必须坚定不移地把发展作为党执政兴国的第一要务。知识产权事业是党和国家事业的有机组成部分。我们必须以新发展理念为引领，强化发展的意识，增强发展的本领，不断开创知识产权事业发展新局面。要紧紧围绕完善基本经济制度、支撑创新发展、促进全面开放等战略重点，加快实现知识产权事业发展的“五个转变”，助推现代化经济体系建设。

在知识产权创造方面，我们必须坚持质量第一、效益优先，深入实施专利质量提升工程，大力培育高价值核心专利，努力实现知识产权创造由多向优、由大到强转变，更好支撑创新型国家建设。在知识产权保护方面，我们必须坚持全面从严，通过提高立法标准和执法水平，加大知识产权侵权违法行为惩治力度，努力实现知识产权保护从不断加强到全面从严转变，进一步塑造良好的营商环境。在知识产权运用方面，我们必须坚持服务实体经济，完善知识产权权益分配机制，多渠道盘活用好知识产权资源，努力实现知识产权运用从单一效益向综合效益转变，打造竞争新优势。在知识产权管理方面，我们必须坚持深化改革，认真贯彻中央决策部署，扎实推进知识产权综合管理改革，努力实现知识产权管理从多头分散向更高效能转变，切实打通知识产权创造、运用、保护、管理、服务全链条，充分发挥知识产权综合效益，推动经济提质增效升级。在知识产权国际合作方面，我们必须充分利用一系列合作机制，推动知识产权国际规则朝着普惠包容、平衡有效的方向发展，努力实现知识产权国际合作交流从积极参与向主动作为转变，以全面开放格局参与国际竞争合作，助推建设开放型经济新体制。

2018 年重点工作

2018 年，是贯彻党的十九大精神的开局之年，是改革开放 40 周年，是决胜全面建成小康社会、实施“十三五”规划承上启下的关键一年。今年工作的总体要求是：全面贯彻党的十九大精神，以习近平新时代中国特色社会主义思想为指导，加强党对知识产权事业的领导，认真落实党中央、国务院决策部署，紧扣我国社会主要矛盾变化，牢牢把握稳中求进工作总基调，坚持新发展理念，按照高质量发展的要求，深入实施知识产权战略，深化知识产权领域改革，大力倡导创新文化，强化知识产权创造、保护、运用，加快知识产权强国建设，奋力开创新时代知识产权事业改革发展新局面。

2018 年，全国知识产权系统要继续把学习宣传贯彻党的十九大精神作为首要政治任务，着重把握好“十个深刻领会”和“六个聚焦”，切实做到学懂弄通做实。要牢固树立“四个意识”，增强“四个自信”，坚决维护以习近平同志为核心的党中央权威和集中统一领导，始终在思想上政治上行动上同以习近平同志为核心的党中央保持高度一致。要坚定不移全面从严治党，全面推进党的政治建设、思想建设、组织建设、作风建设、纪律建设，把制度建设贯穿其中，认真开展“不忘初心、牢记使命”主题教育，深入推进反腐败斗争，充分发挥各级党组织的战斗堡垒作用和共产党员的先锋模范作用，为知识产权事业发展提供强有力的政治保证。

（一）强化统筹协调和改革创新，高标准落实中央决策部署

加强知识产权事业发展统筹协调。充分发挥国务院知识产权战略实施工作部际联席会议作用，推进落实《国务院关于新形势下加快知识产权强国建设的若干意见》《“十三五”国家知识产权保护和运用规划》《深入实施国家知识产权战略行动计划（2014—2020 年）》等重大部署。制定实施 2018 年知识产权战略实施推进计划和专利事业发展战略推进计划。完成《国家知识产权战略纲要》实施十年评估。启动知识产权强国建设纲要研究制定工作。

完善知识产权强国建设工作体系。用好局省会商工作机制，携手推进知识产权强省建设。加快推进知识产权强市创建，持续做好县域和园区试点示范工作。加强知识产权强企建设，全面实施中小企业知识产权战略推进工程。全力打造京津冀、长三角、珠三角等知识产权战略高地。加

强对中西部地区和东北地区知识产权工作支持力度，推动区域知识产权协调发展。

扎实做好知识产权综合管理改革试点。完成首批知识产权综合管理改革试点工作，及时总结成功经验并适时推广，扩大改革效应。用好国家全面创新改革试验区、自由贸易试验区等改革试验平台，积极推进知识产权领域改革。深化中新广州知识城知识产权运用和保护综合改革试验，形成可复制可推广的改革举措。推进知识产权领域军民融合改革试点，在有关试点地区开展国防专利申请受理、实施备案和转让登记等职能委托下放。

深化知识产权“放管服”改革。推动完成《专利代理条例》修订工作，配套修订《专利代理管理办法》等规章制度。扩大专利代理行业改革试点范围，加强专利代理行业事中事后监管，推行专利代理机构服务规范国家标准。加快推进“互联网+政务服务”，加快建设“一站式”政务办事大厅。推进国家知识产权大数据中心建设，优化专利文献信息公共服务，扩大专利基础数据开放范围。拓展专利代办处服务功能。全面推动企业、高校、科研机构知识产权贯标工作。制定出台知识产权认证管理办法。

（二）强化知识产权创造，提高技术供给水平

推动专利高质量发展。深入实施专利质量提升工程。推动专利申请适度合理增长，发明专利和实用新型申请量增幅稳定在7%左右，外观设计申请量保持稳定，PCT国际专利申请增长10%左右，努力使专利结构与产业发展更加匹配。进一步完善专利统计发布制度，强化质量导向。建立专利资助政策备案制度，支持地方优化资助条件和标准。

提高专利审查质量和效率。健全审查质量保障体系和业务指导体系，加强审查员队伍建设和审查质量评价，强化人力资源与审查案源精细化配置。坚持审查周期分类管理，发挥优先审查、巡回审查等多种审查模式效能，制定重点优势产业专利申请集中审查管理办法，确保审查质量稳中有升，审查社会满意度稳步提高。加强信息化建设，强化大数据、人工智能在专利审查中的运用。

大力培育高价值核心专利。鼓励和支持创新主体加强关键前沿技术知识产权创造，形成一批战略性高价值专利组合，推动更多中国专利纳入国际标准、布局国际市场，努力构建既有宽度、又有厚度，既有高原、又有高峰的专利结构。积极推动企业、高校和科研院所建立高价值专利培育中心，支持围绕新产业新业态组建产业知识产权联盟。制定专利价值评估指南。改进专利奖推荐评选工作。

（三）强化知识产权保护，塑造良好市场环境

推进知识产权严保护。推动加快《专利法》修法进程，完善专利侵权纠纷调查取证手段，提高侵权法定赔偿上限，建立惩罚性赔偿制度。完善专利侵权判定、假冒认定等执法办案依据，在专利行政执法中积极发挥司法鉴定机构作用。加快知识产权领域信用体系平台建设，推进联合惩戒。继续落实《关于严格专利保护的若干意见》，加强电子商务等重点领域的知识产权执法，依法严厉查处一批侵权假冒大案要案。

完善知识产权大保护。加强国内和国际、中央和地方知识产权保护工作的统筹协调，积极联合相关部门，综合运用审查授权确权、行政执法、司法裁判、仲裁调解、行业自律、社会监督等各种渠道，形成知识产权保护合力。深化行政执法与刑事司法衔接。拓宽仲裁、调解等社会治理渠

道，构建知识产权多元纠纷解决机制。积极开展跨部门、跨地区执法协作，深化京津冀、长江经济带等区域联合执法。

优化知识产权快保护。在优势产业聚集地区创新知识产权保护机制，有序推进知识产权保护中心建设和布局，加大运行保障力度，开展“一站式”知识产权保护服务。运用“互联网+”，通过源头追溯、实时监测、在线识别等强化知识产权保护。对接电子商务平台，入驻大型展会，实现线上线下知识产权执法维权快速响应。

坚持知识产权同保护。细化知识产权同保护政策措施，坚持在知识产权确权、维权、执法中为国内外企业提供同等待遇，吸引更多国外企业来中国投资兴业。完善知识产权保护社会满意度调查，了解各类市场主体知识产权保护诉求，有针对性地采取措施，做好知识产权保护工作。

（四）强化知识产权运用，支撑实体经济发展

继续深化知识产权权益分配改革。积极推进职务发明成果所有权、处置权和收益权改革，构建科学合理的权益分配机制，破除知识产权转移转化的制度性瓶颈。推动国有企事业单位建立健全知识产权资产管理制度，为科技成果专利化、创新成果产业化提供制度保障。认真总结四川、上海、山东、湖北等地高校和科研院所专利许可转让成功经验，做好推广工作。

完善知识产权运营服务体系。发挥国家知识产权运营公共服务平台的枢纽作用，构建全国一体化的知识产权运营平台网络，努力实现平台高效运行。深入推进重点城市知识产权运营服务体系建设。加强知识产权运营工作绩效评价和统计监测。稳妥开展知识产权证券化融资试点。推广贷款、保险、财政风险补偿捆绑的专利权质押融资服务模式，增强知识产权金融服务实体经济能力。加大专利保险险种开发和推广力度。

促进专利与经济发展深度融合。大力推广区域创新质量类、产业规划类和企业运营类专利导航项目，完善专利导航业务指导和项目评价。开展专利导航试点工程总结评估，深化专利导航政策措施。加大知识产权密集型产业培育力度，继续开展专利密集型产业统计监测，推动制定专利密集型产业分类国家标准。定期发布重点产业专利发展态势分析报告。深入开展知识产权区域布局试点。完善重大经济科技活动知识产权分析评议机制。

（五）强化国际合作交流，服务国家对外开放

深化“一带一路”知识产权国际合作。加强与世界知识产权组织在“一带一路”方面的合作。落实“一带一路”国际合作高峰论坛成果，办好第二届“一带一路”知识产权高级别会议，推动相关合作纵深发展。支持地方积极参与“一带一路”知识产权国际合作交流。

积极参与知识产权全球治理。深化与世界知识产权组织合作，深度参与世界知识产权组织框架下的多边合作。完成首批WIPO技术创新支持中心挂牌运行。稳步推进国家知识产权国际合作基地建设。

统筹做好小多边和双边合作。办好第十次金砖国家知识产权局长会议，落实好金砖国家领导人厦门会晤共识，谋划好金砖国家知识产权未来合作。积极参与中美欧日韩发明和外观设计五局合作，推进中日韩、中蒙俄、中国－东盟、中非、中国－维斯格拉德集团等小多边知识产权合作。统筹做好中美、中欧、中俄、中德、中英、中法等双边知识产权合作。深化与拉美、中亚和南亚地区知识产权合作，拓展南南合作新内涵，努力形成多边、周边、小多边、双边“四边联动、协调推进”的知识产权国际合作新格局。

（六）强化综合保障，进一步夯实事业发展基础

深入实施知识产权文化建设工程。大力倡导以知识产权文化为重要内容的创新文化，广泛开展知识产权普及教育和普法工作，提高创新主体自觉依法维权的积极性和主动性。全面构建知识产权“大宣传”工作格局，办好世界知识产权日、全国知识产权宣传周、中国专利周等大型活动，扩大中国专利年会、中国知识产权保护高层论坛、中国专利技术和产品交易会的影响力。开展《国家知识产权战略纲要》实施十年宣传表彰。全面推进中小学知识产权教育试点示范工作。

加大知识产权人才工作力度。深入实施《知识产权人才“十三五”规划》，加强知识产权国际化人才、知识产权运营（人才）、专利导航（人才）等紧缺人才培养，畅通知识产权人才职业发展通道。加强高校知识产权学科专业建设，依托国家知识产权培训基地，建立产学研联合的知识产权人才培养模式。加快建设中国特色知识产权国家智库。加大知识产权专员派驻力度。

推动知识产权服务业发展。完善全国知识产权服务业统计调查制度。制定实施知识产权服务促进产业转型升级三年行动计划，高标准推进知识产权服务业集聚发展区建设，加大知识产权服务品牌机构培育力度。发挥全国知识管理标准化技术委员会作用，加快知识产权服务标准体系建设。继续举办“知识产权走基层、服务经济万里行”和知识产权服务品牌机构牵手经济发展等活动。

新思想引领新实践，新时代召唤新作为。让我们更加紧密地团结在以习近平同志为核心的党中央周围，不忘初心，牢记使命，奋力开拓知识产权事业改革发展新局面，为决胜全面建成小康社会、夺取新时代中国特色社会主义伟大胜利、实现中华民族伟大复兴的中国梦、实现人民对美好生活的向往继续奋斗！

公告和通知

国家知识产权局公告

（第二五六号）

根据《专利代理条例》和《专利代理管理办法》的规定，依当事人申请，在其已经妥善处理各种尚未办结的事项后，我局同意注销珠海市英华知识产权代理事务所（普通合伙）的专利代理机构注册证。

特此公告。

国家知识产权局

2018 年 1 月 29 日

国家知识产权局公告

（第二五七号）

为满足当事人在经济、法律活动中的相关需要，国家知识产权局在通过互联网平台向专利权人及社会公众提供实时、便捷、透明的信息查询渠道基础上，进一步优化专利证书及专利证书副本的构成，不再附具专利单行本。现将有关事宜公告如下：

一、对于授权公告日在 2018 年 3 月 2 日之后（含当日）至 2018 年 4 月 24 日（不含当日）的专利，国家知识产权局颁发的专利证书包含证书首页和专利单行本扉页。

二、对于授权公告日在 2018 年 4 月 24 日之后（含当日）的专利，国家知识产权局将在授权公告日之后颁发新版专利证书及专利证书副本。新版专利证书及专利证书副本将取消专利单行本，并增加授权公告号、专利权人地址信息。

三、旧版、新版专利证书及专利证书副本具有同等法律效力，已出具的旧版专利证书及专利证书副本，除另有规定外，不再更换为新版专利证书及专利证书副本。

四、自授权公告日起，专利权人、社会公众可以从国家知识产权局政府网站中国专利公布公告系统（网址 http：//epub. sipo. gov. cn）查询和获取相应的专利单行本。

特此公告。

国家知识产权局

2018 年 2 月 22 日

国家知识产权局公告

（第二五八号）

根据《专利代理条例》和《专利代理管理办法》的规定，依当事人申请，在其已经妥善处理各种尚未办结的事项后，同意注销浙江裕阳律师事务所的专利代理机构注册证。

特此公告。

国家知识产权局
2018 年 3 月 14 日

国家知识产权局公告

（第二五九号）

根据《专利代理条例》和《专利代理管理办法》规定，依当事人申请，在其已经妥善处理各种尚未办结的事项后，同意注销北京国枫律师事务所的专利代理机构注册证。

特此公告。

国家知识产权局
2018 年 3 月 19 日

国家知识产权局公告

（第二六〇号）

根据《专利代理条例》和《专利代理管理办法》规定，依当事人申请，在其已经妥善处理各种尚未办结的事项后，同意注销北京万慧达知识产权代理有限公司的专利代理机构注册证。

特此公告。

国家知识产权局

2018 年 3 月 26 日

国家知识产权局
关于确定国家知识产权示范园区的通知

国知发管函字〔2017〕295 号

各省、自治区、直辖市知识产权局：

按照《国家知识产权试点示范园区管理办法》（国知发管字〔2016〕43 号），经集中评定，确定北京经济技术开发区等 8 个园区为国家知识产权示范园区，示范工作周期为 2018 年 1 月至 2020 年 12 月。

示范期间，我局将会同省（区、市）知识产权局对示范园区进行工作指导和跟踪管理，确保工作规划顺利实施；各有关省（区、市）知识产权局要加强对示范园区的业务指导和日常管理，将示范园区建设工作纳入地方专项计划，加大政策支持和项目扶持力度，确保主要工作任务落实。各示范园区应在试点取得成果的基础上，倡导创新文化，强化知识产权创造、保护、运用，围绕优势产业发展，开展产业专利导航，积极培育高价值专利；完善知识产权服务链条，引导产业知识产权联盟建设，构建产业知识产权运营体系；深化知识产权领域改革，探索建立知识产权综合管理或执法机制。

各示范园区应于本通知印发后 6 个月内，制定并发布国家知识产权示范园区三年工作规划，同时报送省（区、市）知识产权局和国家知识产权局备案；于每年 3 月底报送上年工作总结、当年工作计划和有关统计信息；知识产权有关重大事项应及时通过省（区、市）知识产权局向国家知识产权局报告；要加强领导，统筹推进，确保各项任务和目标圆满完成。

示范期满后，经示范园区申请，我局将依据工作规划及《国家知识产权试点示范园区管理办法》对示范园区进行复核。

特此通知。

附件：2017 年国家知识产权示范园区名单

国家知识产权局
2017 年 12 月 26 日

附件

2017 年国家知识产权示范园区名单

序号	省份	园区名称
1	北京	北京经济技术开发区
2	上海	上海市漕河泾新兴技术开发区
3		上海紫竹高新技术产业开发区
4	江苏	无锡（国家）工业设计园
5	湖北	襄阳高新技术产业开发区
6	广东	肇庆高新技术产业开发区
7	广西	柳州高新技术产业开发区
8	贵州	贵阳国家高新技术产业开发区

国家知识产权局关于印发《2018 年全国专利事业发展战略推进计划》的通知

国知发管字〔2018〕1 号

各省、自治区、直辖市、新疆生产建设兵团知识产权局；局机关各部门、专利局各部门、局直属各单位：

为贯彻落实《国务院关于新形势下加快知识产权强国建设的若干意见》和《“十三五”国家知识产权保护和运用规划》，有步骤推进《深入实施国家知识产权战略行动计划（2014—2020 年）》、《全国专利事业发展战略（2011—2020 年）》，制定《2018 年全国专利事业发展战略推进计划》，现予印发。

请各省、自治区、直辖市、新疆生产建设兵团知识产权局（以下简称“各省知识产权局”）和局各有关部门高度重视专利战略推进工作，加强组织领导，根据分工任务及有关要求，认真组织制定本地区、本部门的实施方案，明确各项具体任务的工作目标、工作措施、进度安排、责任部门、绩效考核指标等。我局将对各省知识产权局和局各有关部门报送的实施方案进行审核，对不符合要求的退回修改，并按照审核通过的实施方案，结合省份分类，进行督办和考核。

请于 2018 年 2 月 6 日前将实施方案报送专利战略推进工作办公室秘书组（专利管理司）。

特此通知。

附件：1. 知识产权强省建设试点省分类表和一、二、三类省份分类表（略）

2. 2018 年专利事业发展战略推进工作实施方案（参考模板）（略）

国家知识产权局

2018 年 1 月 3 日

2018 年全国专利事业发展战略推进计划

工作任务	任务目标	落实举措	执行部门（单位）	完成时间
一、“专利制度创新”主体任务				
（一）深化知识产权领域改革	落实党中央、国务院关于深化知识产权领域改革的重大决策部署，推进知识产权工作理念创新、制度创新、体制机制创新和组织模式创新，力求在重点领域和关键环节取得决定性成果。	1. 推进知识产权综合管理改革。系统总结深圳、长沙、上海浦东等中心城市知识产权综合管理改革成效，积极推动在更高层级、更大范围开展知识产权综合管理改革试点，建立高效的知识产权综合管理体制，打通知识产权创造、运用、保护、管理和服务全链条，实现各类知识产权的综合效应。 有关省份要按照党的十九大关于统筹考虑各类机构设置，赋予省级及以下政府更多自主权的相关要求，推动国家全面创新改革试验区、自由贸易试验区等全面建立知识产权综合管理体制，积极推动在省级层面自主开展知识产权综合管理改革，形成权界清晰、分工合理、责权一致、运转高效的体制机制，更好地支撑创新驱动发展。	局内：专利管理司 省份：全面创新改革试验区、自由贸易试验区涉及省份必做；其他省份选做	年内有阶段性成果
		2. 强化专利领域“放管服”改革。推动完成《专利代理条例》修订，配套修订《专利代理管理办法》等规章制度。扩大专利代理行业改革试点范围，进一步放宽对专利代理机构股东和合伙人的条件限制。加强专利代理行业事中事后监管，全面推行“双随机一公开”。推行专利代理机构服务规范国家标准。加大专利费用减免力度。加快推进“互联网 + 政务服务”。加大专利巡回审查、巡回复审力度。推进国家知识产权大数据中心建设，优化专利文献信息公共服务，扩大专利基础数据开放范围。拓展专利代办处服务功能，便利专利优先审查和费用减缴业务办理。 有关省份要加强专利代理行业事中事后监管，落实支持专利代理行业发展的政策措施，推动当地专利代理行业健康发展。加快推进数据互联和“互联网 + 政务服务”，加快建设“一站式”政务办事大厅，方便群众办理业务。	局内：办公室、条法司、初审及流程管理部、专利文献部、专利复审委员会 省份：一、二类省份必做，三类省份选做	年内有阶段性成果

续表

工作任务	任务目标	落实举措	执行部门（单位）	完成时间
（一）深化知识产权领域改革	落实党中央、国务院关于深化知识产权领域改革的重大决策部署，推进知识产权工作理念创新、制度创新、体制机制创新和组织模式创新，力求在重点领域和关键环节取得决定性成果。	3. 深化知识产权权益分配制度改革。深入总结上海、山东、湖南、湖北、四川等地成功经验，做好推广工作。积极推进职务科技成果所有权、处置权和收益权改革，构建科学合理的知识产权权益分配机制，重点解决国有企事业单位知识产权的所有权、处置权和收益权问题，从根本上调动创新主体实施成果转化的积极性和主动性。	局内：条法司、专利管理司	
		有关省份要充分借鉴高校职务发明成功改革经验，制定支持国有企事业单位职务发明知识产权归属和利益分享制度改革试点的政策措施，试行知识产权入股、股权期权奖励等新型分配方式，提高发明人合法收入。推动国有企事业单位建立健全知识产权资产管理制度，为科技成果专利化、创新成果产业化提供制度保障。	省份：一类省份必做，二类、三类省份选做	年内有阶段性成果
		4. 优化知识产权领域标准化和认证工作。加强全国知识产权标准化技术委员会秘书处的技术支撑和国际对口工作，强化知识产权领域管理和服务标准的统筹，优化知识产权领域标准体系设计，加快推进各类知识产权管理标准和服务标准制修订进程。建立健全知识产权领域认证市场运行机制，完善认证政策体系，规范认证市场秩序，着力培养一批具有行业影响力的知识产权认证示范机构和专业人才队伍，有效提升创新主体知识产权制度运用能力。	局内：专利管理司	
		各地要不断完善知识产权领域管理和服务标准贯彻实施体系，加强政策支撑，培育一批专业的知识产权贯标服务和认证机构，全面贯彻实施企业、高等学校、科研机构知识产权管理规范国家标准。	省份：一、二类省份必做，三类省份选做	

续表

工作任务	任务目标	落实举措	执行部门（单位）	完成时间
（一）深化知识产权领域改革	落实党中央、国务院关于深化知识产权领域改革的重大决策部署，推进知识产权工作理念创新、制度创新、体制机制创新和组织模式创新，力求在重点领域和关键环节取得决定性成果。	5. 推动知识产权领域军民融合。落实《国务院办公厅关于印发知识产权综合管理改革试点总体方案的通知》（国办发〔2016〕106号）关于“促进知识产权领域军民融合发展”的部署要求，联合有关部门开展知识产权军民融合试点工作，推动知识产权领域军地政策互通互利、资源共建共享、人才联培联用，推动国防专利申请受理、实施备案等职能委托至有条件的地方专利代办机构，推动放宽国防专利代理服务，允许符合条件的优质专利代理机构服务国防建设。 有关省份要依托专利代办机构制定承接国防专利受理职能的业务工作方案和符合保密要求的硬件设施建设方案。遴选优质专利代理机构开展国防专利代理和保密培训，做好国防专利代理人才储备。推动《装备承制单位知识产权管理要求》贯彻实施，推进建立国防知识产权军地联合维权工作机制。	局内：专利管理司、条法司、初审及流程管理部 省份：知识产权综合管理改革试点涉及省份必做，其他省份选作	年内有阶段性成果
（二）完善知识产权法规政策	贯彻党的十九大关于强化知识产权创造、保护、运用精神，落实党中央、国务院关于加快知识产权强国建设的系列重大决策部署，不断完善知识产权法规政策体系，为各项任务开展提供法律依据和政策支持。	6. 完善知识产权保护相关法律法规。加快推进《专利法》修订工作。完善局省市联动的地方立法指导机制，联合开展立法调研、培训，提高立法质量，力求在知识产权保护和运用等重点领域、关键环节立法取得实质性突破。 有关省份要积极推动制订省级《知识产权保护条例》，集成各类知识产权的综合保护效果，拓展“互联网 +”、大数据等新兴领域和业态的知识产权综合保护途径，强化地方知识产权管理部门调查取证权和行政强制权，探索建立知识产权侵权纠纷行政执法前置程序。	局内：条法司 省份：强省试点省、一类省份必做，其他省份选做	年内有阶段性成果
		7. 加强专利政策创新。进一步完善强化专利创造、保护、运用等相关配套政策体系，推动专利与产业、经济、科技、金融、贸易等领域融合发展，大幅提升专利支撑实体经济创新发展贡献度。 有关省份要制定专利激励创造、支撑产业、促进经济、服务开放、创新金融等相关政策文件，搭建业务推进载体，层层抓好政策落地。	局内：保护协调司、规划发展司、专利管理司 省份：一类省份必做，二类、三类省份选做	

续表

工作任务	任务目标	落实举措	执行部门（单位）	完成时间
二、“专利制度运行保障体系建设”主体任务				
（一）强化知识产权创造质量	坚持“数量布局、质量取胜”的工作方针，不断提高知识产权创造效率和水平，培育产出更多高价值专利，提高技术供给质量。	8. 深入实施专利质量提升工程。全面推广实施专利导航区域创新发展质量评价指标体系，制定区域创新质量评价类专利导航项目实施导则，引导专利申请数量和布局结构与区域经济发展水平、产业发展需求和科技创新能力相匹配。持续加强对专利申请环节的监管，严厉打击利用非正常专利申请套取资助等行为。继续督导地方优化专利资助政策，突出专利奖的激励和示范作用，引导更多高价值专利产出。 各地要进一步推动优化各级政府专利考核评价指标，实施一批区域创新质量评价类专利导航项目，加强对专利代理行业的事中事后监管，加快完善各级专利资助和奖励政策，突出专利质量导向。	局内：专利管理司、条法司、审查业务管理部 省份：各类省份必做	年内有阶段性成果
		9. 加快建立高价值专利培育工作体系。出台专利价值评估指南，开展高价值专利遴选工作。推动专利导航融入支撑科技创新、企业经营全流程，提高科技创新效率和专利布局质量。全面对接国家知识产权运营平台体系，推动建立分层分类高价值专利自愿备案制度，完善中国专利奖和国家知识产权运营项目库推选制度，畅通高价值专利运营变现渠道。提升专利代理服务能力，为高水平创新成果转化为高质量专利申请提供优质服务保障。结合专利申请质量监测工作，针对专利代理机构的代理质量构建反馈、评价、约谈、惩戒机制。 有关省份要依托国家知识产权运营平台体系、知识产权保护中心等载体资源，积极推动有条件的企业、高校院所加强专利协同运用，从源头上促进高价值专利产出。加大对专利代理从业人员的业务技能培训，鼓励专利代理机构为创新成果转化等方面的工作提供高质量专利代理服务，积极推动国家重大科技工程和项目创新成果转化为高价值专利。	局内：专利管理司、条法司、审查业务管理部、初审及流程管理部 省份：强省试点省，一、二类省份必做，其他省份选做	年内有阶段性成果

续表

工作任务	任务目标	落实举措	执行部门（单位）	完成时间
（一）强化知识产权创造质量	坚持“数量布局、质量取胜”的工作方针，不断提高知识产权创造效率和水平，培育产出更多高价值专利，提高技术供给质量。	10. 提高专利审查质量和审查效率。严格依法审查，持续完善专利审查质量保障体系和业务指导体系，强化专利申请质量监控、内部审查质量评价和外部审查质量反馈。对接国家重大战略需求，探索开展集中审查。探索 PCT 国际阶段检索结果申请人沟通机制，提升国际检索单位书面意见的质量。	局内：审查业务管理部	年内完成
		各地要严格按照专利优先审查管理有关规定，确保重点产业领域专利申请享受优质快速审查服务。充分利用各专利审查协作中心、审查员实践基地等载体资源，积极对接本地区创新主体发展需求，加强技术研发人员与专利审查员的业务交流。	省份：各类省份必做	
（二）强化知识产权运用效益	坚持“建机制、建平台、促产业”的工作方针，加快建设国家知识产权运营平台体系，畅通知识产权投融资渠道，有力支撑实体经济创新发展。	11. 建立国家知识产权运营平台体系。充分发挥国家知识产权运营公共服务平台的枢纽作用，推动资源共享、业务协作和行业自律，建设若干功能性、区域性、产业性知识产权运营分平台，实现业务流、信息流、资金流互联互通。制定完善平台管理机制，明确交易运营规则，加强绩效评价和统计监测，促进平台、机构、产业和资本融合发展。深入推进重点城市知识产权运营服务体系建设，着力打造知识产权运营生态圈。	局内：专利管理司	年内有阶段性成果
		有关省份要积极参与国家知识产权运营平台体系建设，支持建设各类知识产权运营交易载体，搭建各类知识产权运营要素合作对接平台，开展线下知识产权运营项目路演推介活动。大力培育产业特色突出的知识产权运营机构，积极探索运营模式。	省份：一、二类省份必做，三类省份选做	
		12. 完善知识产权金融服务体系。积极对接知名产业投资机构，共同发起、协作运营各类重点产业知识产权运营基金，立足新能源、新材料、节能环保、人工智能等新兴产业创新发展需求，开展知识产权创新创业投资、股权投资，培育并促进高价值专利转化运用。发挥知识产权质押融资风险补偿基金作用，探索建立“投、贷、担、保、服”联动的知识产权投融资体系，促进各类知识产权增值增贷。	局内：专利管理司	年内完成
		各地要积极推动银行等金融机构开展知识产权质押融资业务，扩大工作覆盖面，搭建银企对接平台，完善风险补偿机制，推广专利价值评估指标体系。加强专利保险的品种开发、服务完善、人才培养和风险监控。	省份：各类省份必做	

续表

工作任务	任务目标	落实举措	执行部门（单位）	完成时间
（三）强化知识产权保护水平	按照知识产权“严保护、大保护、快保护、同保护”的要求，实施严格的知识产权保护，加大知识产权侵权违法行为惩治力度，营造良好的创新环境和营商环境。	13. 强化专利行政执法手段。探索推行知识产权行政执法现场勘验制度。优化行政执法查证制度和执法程序，通过没收、查封、扣押、销毁侵权产品等手段严厉打击群体侵权、重复侵权行为。建立完善知识产权举报投诉奖励制度。深化专利侵权判定咨询机制，发挥专家库、司法鉴定机构在疑难案件侵权判定咨询中的作用。严格、合理地适用全面覆盖原则和现有技术（设计）抗辩原则，积极适用等同侵权判定原则，有效提升专利侵权判定水平。推动将知识产权保护工作绩效纳入地方政府目标责任考核体系。加快推进专利领域联合惩戒机制建设，加大对不良信用记录较多者实施严格的联合惩戒，加大对侵权假冒行为人的限制和惩戒力度。	局内：专利管理司 省份：各类省份必做	年内有阶段性成果
		14. 完善知识产权快速协同保护机制。结合“一带一路”建设、京津冀协同发展、长江经济带发展等国家重大区域发展战略实施，加快布局建设知识产权保护中心，全面覆盖新一代信息技术、高端装备制造、新能源、新材料、节能环保等国家战略性新兴产业。不断优化快速审查、确权工作模式，推动确权维权工作有机衔接，升级完善信息化支撑系统。建立健全符合新产业、新业态特点的快速维权机制，进一步优化专利侵权纠纷调解方式，提高快速协同保护的效率。 有关省份要抓紧推进知识产权保护中心软硬件建设，加强知识产权保护中心专利申请检索、预审等专利审查前置工作的人员配置和业务培训，尽快实现各项业务顺畅运行。在优势产业集聚地区创新知识产权保护机制，拓宽快捷、低成本的维权渠道。推动在保护中心建立知识产权巡回法庭，切实促进行政与司法衔接，提高保护效率。完善举报投诉快速反应机制，加强跨地区举报投诉案件转办协作。加强大型展会、重大文体活动的维权援助服务，保障北京冬奥会等重大活动顺利开展。	局内：专利管理司、审查业务管理部、自动化部、专利复审委员会 省份：知识产权保护中心、快速维权中心涉及省份必做，其他省份选做	年内完成

续表

工作任务	任务目标	落实举措	执行部门（单位）	完成时间
（三）强化知识产权保护水平	按照知识产权“严保护、大保护、快保护、同保护”的要求，实施严格的知识产权保护，加大知识产权侵权违法行为惩治力度，营造良好的创新环境和营商环境。	15. 构建专利大保护工作体系。强化跨部门执法协作，深化与海关、公安等有关部门的合作，强化行政执法和刑事执法的有效衔接。深化跨地区执法协作，进一步发挥丝绸之路经济带、京津冀、长江经济带、晋冀鲁豫等地区跨区域联合执法和协作执法机制作用，加强跨区域执法案件与人员调度，合理配置执法监管资源，协同查处重大案件。制订“互联网+”知识产权保护行动方案，推动运用“互联网+”，通过源头追溯、实时监测、在先识别等强化知识产权保护。加强网购、进出口等重点领域和环节知识产权执法，对城乡假冒伪劣产品集中地区加大整治力度。强化电子商务领域专利执法监管，促进国内监管与跨境监管的结合，加大线上转线下办案力度。依法严厉查处一批侵权假冒大案要案，让违法者付出沉重代价，不断优化营商环境。	局内：专利管理司 省份：各类省份必做	年内完成
（四）强化知识产权服务能力	立足实体产业发展需求，大力发展知识产权服务业，培育知识产权高端人才，优化知识产权公共服务，夯实知识产权事业发展基础，培育新的经济增长点。	16. 培育知识产权高端人才。加强国家知识产权培训基地建设，面向国家重点创新主体推进派驻知识产权专员，开展知识产权人才产学研联合培养。推动高校加强知识产权学科建设。加强知识产权急需紧缺人才的培养培训力度。继续推动建立人才引进和使用过程中知识产权评议和鉴定机制。	局内：人事司 省份：一、二类省份必做，三类省份选做	年内有阶段性成果
		17. 大力发展知识产权服务业。加快创建一批国家知识产权服务业集聚区，探索知识产权高端服务业与特色产业研发制造互动发展的新路径。组织开展全国知识产权服务业统计调查。遴选新一批全国知识产权服务品牌培育机构。加强对“互联网+知识产权服务”等新模式的引导。开展众创空间等创新创业知识产权服务工作站试点建设。 有关省份要加快制定完善知识产权服务业扶持政策，推进省级知识产权服务业集聚区建设、省级知识产权服务业品牌机构培育，开展知识产权服务业统计调查，在加大政府购买力度、提升公共服务水平、加强服务人才队伍建设等方面开展工作。	局内：规划发展司 省份：各类省份必做	年内有阶段性成果

续表

工作任务	任务目标	落实举措	执行部门（单位）	完成时间
（四）强化知识产权服务能力	立足实体产业发展需求，大力发展知识产权服务业，培育知识产权高端人才，优化知识产权公共服务，夯实知识产权事业发展基础，培育新的经济增长点。	18. 完善知识产权公共服务网络。推动知识产权更好服务创新创业，针对国家各类创新中心、双创示范基地和重点园区的需求，开展专利巡回审查、巡回口头审理等专利审查服务工作。逐步拓展专利代办处业务，继续加强代办处咨询服务建设。倡导以知识产权为重要内容的创新文化，深入推进全国中小学知识产权教育试点示范，继续举办“知识产权走基层 服务经济万里行”和知识产权服务品牌机构牵手区域发展等系列活动。继续推进专利信息数据资源开放共享。进一步指导和支持各区域及地方专利信息服务中心，开展特色专利信息服务。继续实施新一代地方专利信息服务中心检索与分析系统试点项目。	局内：办公室、保护协调司、规划发展司、审查业务管理部、初审及流程管理部、专利文献部、自动化部、专利复审委员会	年内有阶段性成果
		各地要积极完善专利信息公共服务网络，实现创新创业集聚区域服务网点全覆盖。继续培育一批中小学知识产权教育试点示范学校。	省份：一、二类省份必做，三类省份选做	
三、“专利支撑经济社会发展”主体任务				
（一）专利助力区域协同发展	落实党的十九大精神，着力破解区域知识产权发展不平衡不充分的新矛盾，打造若干知识产权隆起带，带动整体升级发展，着力强化县域知识产权工作，有力支撑知识产权强国建设。	19. 建设知识产权强省强市。进一步完善知识产权推动京津冀协同发展、长江经济带建设、老东北工业基地振兴等工作协调、资源对接机制，着力打造环渤海、珠三角、长三角等知识产权发展隆起带。进一步优化知识产权合作会商机制，集聚中央和地方优势资源，推动各强省试点省、强市创建市在深化知识产权领域改革，强化知识产权创造、保护、运用等方面取得实效。加强知识产权强省建设试点和强市创建评价、过程督导和绩效评估。	局内：专利管理司、保护协调司	年内有阶段性成果
		有关省份要继续加强组织领导，加大工作投入，制定强省、强市建设年度工作要点，确保各项任务落地见效，并及时总结可复制推广的经验举措。	省份：强省试点省、强市创建市涉及省份必做，其他省份选做	

续表

工作任务	任务目标	落实举措	执行部门（单位）	完成时间
（一）专利助力区域协同发展	落实党的十九大精神，着力破解区域知识产权发展不平衡不充分的新矛盾，打造若干知识产权隆起带，带动整体升级发展，着力强化县域知识产权工作，有力支撑知识产权强国建设。	20. 完善县域知识产权工作机制。围绕落实《国务院办公厅关于县域创新驱动发展的若干意见》（国办发〔2017〕43号），深入实施知识产权强县工程，结合各自资源禀赋，探索知识产权支撑创新创业、产业升级的特色发展路径。加快培育若干知识产权要素鲜明、创新资源富集、双创氛围浓郁、产业生态活跃的特色小镇。 有关省份要集聚资源、挖掘特色、搭建载体，积极推进知识产权强县工程实施和特色小镇培育工作，推广应用涉农专利技术，开展知识产权富民工作，培育一批知识产权扶贫精品项目，加快实现县域创新驱动发展。	局内：专利管理司 省份：一、二类省份必做，三类省份选做	年内有阶段性成果
（二）专利引领产业升级	深入实施专利导航工程，大力培育发展专利密集型产业，提升企业创新发展竞争力，有力支撑供给侧结构性改革，促进新旧动能转换。	21. 实施专利导航工程。开展专利导航试点工程总结评估，进一步深化专利导航产业发展政策举措，新建一批专利导航项目研究与推广中心。建立专利导航项目质量评价机制，开展备案项目评优推优活动。依托国家知识产权运营公共服务平台，加快建设产业专利导航大数据中心，加强政府性专利导航项目成果披露和利用，为企业提供基础性、常态化的专利导航服务。加大高校院所、国家实验室重点领域专利导航服务力度，加强高校院所专利导航能力建设。 各地要大力推广实施产业规划类和企业运营类专利导航项目，推动行业龙头企业、重点高校院所承担专利导航项目推广与研究工作。	局内：专利管理司 省份：各类省份必做	年内有阶段性成果
		22. 实施知识产权强企工程。联合有关部门印发《加快知识产权强企建设工作方案》，聚合优势资源，形成政策合力，打通产业链、创新链、知识产权链和资本链，阶梯培育一批知识产权强企。出台知识产权强企评价指标体系。支持中央企业率先建设知识产权强企。全面实施中小企业知识产权战略推进工程，提升知识产权支撑引领中小企业创新发展能力。 各地要加大企业、高等学校、科研机构知识产权管理国家标准的推行力度，依托国家知识产权运营平台体系、知识产权保护中心等载体平台，积极开展知识产权强企建设工作，推动知识产权运营服务体系与知识产权强企共生发展。	局内：专利管理司 省份：强省试点省必做，其他省份选做	年内有阶段性成果

续表

工作任务	任务目标	落实举措	执行部门（单位）	完成时间
（二）专利引领产业升级	深入实施专利导航工程，大力培育发展专利密集型产业，提升企业创新发展竞争力，有力支撑供给侧结构性改革，促进新旧动能转换。	23. 培育专利密集型产业。研究制订知识产权密集型产业发展规划。继续开展专利密集型产业统计监测工作。会同有关部门建立重大经济科技活动知识产权分析评议机制，建立重点领域知识产权评议报告发布制度。 有关省份要积极研究制定培育发展专利密集型产业的政策文件，编制本地区专利密集型产业目录，引导各类创新要素向专利密集型产业集聚，促进专利密集型产业加快发展。	局内：保护协调司、规划发展司 省份：一类省份必做，二类、三类省份选做	年内有阶段性成果
（三）专利推动对外开放	围绕服务国家全面开放新格局，加强知识产权国际交流合作，维护“走出去”企业知识产权合法权益，为全球知识产权治理贡献中国方案。	24. 深化“一带一路”知识产权国际合作交流。探索建立“一带一路”知识产权信息一站式共享平台，落实“一带一路”知识产权合作协议，稳步推进沿线国家知识产权学位教育工作，推动建设知识产权国际合作基地。推动世界知识产权组织在华设立技术创新支持中心。 各地要结合地缘特色和资源禀赋，立足区域开放发展实际需求，积极创建知识产权国际合作基地，参与“一带一路”知识产权国际合作交流。	局内：国际合作司、人事司 省份：各类省份选做	年内完成
		25. 开展知识产权海外维权援助服务。完善境外展会维权援助机制，建立境外展会快速维权与境内维权援助工作的联动机制，选择对重点产业发展影响较大、专利密集度较高的境外知名展会开展现场维权服务。联合有关部门向驻外机构派遣知识产权专职工作人员，服务驻外中资企业海外经营与创新发展。加强中美欧日韩五局发明和工业品外观设计保护合作，继续拓展专利审查高速路合作网络。完善“智南针”海外知识产权信息服务平台，继续研究并发布海外知识产权制度环境报告。 有关省份要积极开展境外参展知识产权风险预警、知识产权保护和纠纷应对实务培训。依托知识产权维权援助中心，推动设立企业知识产权海外维权基金。	局内：专利管理司、国际合作司、保护协调司、规划发展司、人事司、审查业务管理部 省份：一、二类省份必做，三类省份选做	年内完成

国家知识产权局关于印发《知识产权重点支持产业目录（2018 年本）》的通知

国知发协函字〔2018〕9 号

国务院有关部门单位知识产权工作管理机构，各省、自治区、直辖市、新疆生产建设兵团知识产权局，国家知识产权局机关各部门、专利局各部门、局各直属单位：

为全面贯彻党的十九大精神，深入实施国家创新驱动发展战略，落实《国务院关于新形势下加快知识产权强国建设的若干意见》《中国制造 2025》等重大战略部署，充分发挥知识产权的支撑保障作用，推动产业转型升级和创新发展，制定《知识产权重点支持产业目录（2018 年本）》，现予印发。请统筹协调配置知识产权资源，精准聚焦，支持重点产业发展。

特此通知。

国家知识产权局
2018 年 1 月 17 日

知识产权重点支持产业目录（2018 年本）

编制说明

为全面贯彻落实党的十九大精神，深入实施创新驱动发展战略，认真落实《国务院关于新形势下加快知识产权强国建设的若干意见》决策部署，推动产业提升知识产权附加值，国家知识产权局在广泛征求部门、地方、相关研究机构、行业协会和专家学者意见建议的基础上，起草了《知识产权重点支持产业目录（2018 年本）》（以下简称《目录》）。

《目录》中的产业主要是根据《国家创新驱动发展战略纲要》《国家信息化发展战略纲要》《“十三五”国家科技创新发展规划》《中国制造 2025》《“十三五”国家战略性新兴产业发展规划》《“十三五”旅游业发展规划》《“健康中国 2030”规划纲要》等党中央、国务院文件明确的重点发展方向确定。

《目录》确定了 10 个重点产业，细化为 62 项细分领域，明确了国家重点发展和亟需知识产权支持的重点产业，有利于各部门、地区找准知识产权支撑产业发展中的发力点、高效配置知识产权资源、协同推进产业转型升级和创新发展。

产业发展是一个动态过程，各产业面临的知识产权形势也在不断变化之中，《目录》将根据国家政策导向、产业发展变化及社会需求，适时进行调整更新。欢迎社会各界对《目录》提出修改意见，修改意见可发送邮件至 hangyezhanluechu@sipo.gov.cn。

目　录

1. 现代农业产业

1.1 生物育种研发

1.1.1 种质资源挖掘

1.1.2 工程化育种

1.1.3 新品种创制

1.1.4 良种繁育

1.1.5 种子加工

1.1.6 规模化测试

1.1.7 生物技术育种

1.2 畜禽水产养殖与草牧业

1.2.1 主要动物疫病检测与防控

1.2.2 主要畜禽安全健康养殖工艺与环境控制

1.2.3 畜禽养殖设施设备

1.2.4 养殖废弃物无害化处理与资源化利用

1.2.5 新型饲料与制备技术

1.2.6 草食畜牧业

1.2.7 淡水与海水健康养殖

1.3 智能高效农机装备与设施

1.3.1 设施精简装配化

1.3.2 作业全程机械化

1.3.3 水肥管理一体化

1.3.4 温室节能蓄能

1.4 农产品生产和加工

1.4.1 农产品产地初加工与精深加工

1.4.2 绿色储运关键技术与装备

1.4.3 传统食品工业化关键技术与装备

1.4.4 全产业链质量安全与品质控制技术

1.5 农业资源环境可持续发展利用

1.5.1 化肥农药减施增效

1.5.2 生态保护与修复

1.5.3 农业用水控量增效

1.5.4 病虫害防控技术

1.5.5 盐碱地等低产田改良

1.5.6 渔业环境保护

1.5.7 农用地膜污染综合防控

1.5.8 农业废弃物综合利用

1.6 智慧农业

1.6.1 农林动植物生命信息获取与解析

1.6.2 主要作业过程精准实施

1.6.3 农业人工智能

2. 新一代信息技术产业

2.1 微纳电子与光电子

2.1.1 极低功耗器件

2.1.2 7纳米以下新器件及系统集成工艺

2.1.3 下一代非易失性存储器

2.1.4 下一代射频芯片

2.1.5 硅基太赫兹技术

2.1.6 新原理计算芯片

2.1.7 硅基光电子、混合光电子、微波光电子

2.2 集成电路

2.2.1 集成电路设计

2.2.2 集成电路制备

2.2.3 新型、高密度集成电路封装、测试技术

2.2.4 集成电路关键装备和材料

2.2.5 MEMS 技术

2.3 高端通用芯片

2.3.1 神经网络与深度学习芯片

2.3.2 概率芯片

2.3.3 通用 CPU

2.3.4 智能终端嵌入式 CPU

2.3.5 神经拟态芯片

2.4 工业软件

2.4.1 工业操作系统

2.4.2 工业大数据平台

2.4.3 工业云与制造业核心软件

2.4.4 工业应用软件

2.5 新一代宽带移动通信网

2.5.1 一体化融合网络组网

2.5.2 超高速和超宽带通信与网络支撑

2.5.3 超大容量路由交换

2.5.4 大规模资源管理调度和数据处理

2.6 高性能计算

2.6.1 E 级计算机

2.6.2 生物计算机

2.7 云计算及大数据

2.7.1 新一代虚拟化

2.7.2 云存储

2.7.3 云系统平台

2.7.4 云服务

2.7.5 云安全

2.7.6 区块链

2.8 人工智能

2.8.1 大数据智能

2.8.2 跨媒体智能

2.8.3 群体智能

2.8.4 混合增强智能

2.8.5 自主智能

2.8.6 类脑计算

2.8.7 新型人机交互

2.8.8 虚拟现实与增强现实

2.9 物联网

2.9.1 智能硬件

2.9.2 物联网低功耗可信泛在接入

2.9.3 传感器网络

2.9.4 智能分析

3. 智能制造产业

3.1 智能绿色制造

3.1.1 绿色化设计

3.1.2 基础制造工艺

3.1.3 机电产品绿色开发

3.1.4 再制造与再资源化

3.2 智能制造装备与先进工艺

3.2.1 智能测控装置

3.2.2 关键智能基础零部件

3.2.3 智能加工、先进工艺和重大智能成套装备

3.3 光电子制造关键装备

3.3.1 新型光通信器件制备

3.3.2 半导体照明制备

3.3.3 高效光伏电池制备

3.3.4 微机电系统传感器制备

3.4 智能机器人

3.4.1 高精度减速器

3.4.2 高性能控制器

3.4.3 精密测量

3.4.4 机器人学习与认知

3.4.5 人机自然交互与协作共融

3.5 高档数控机床

3.5.1 智能数控系统

3.5.2 高性能功能部件

3.6 增材制造

3.6.1 增材制造控形控性技术

3.6.2 激光增材制造熔覆喷头等核心部件

3.6.3 金属、非金属及生物打印典型工艺装备

3.7 激光制造

3.7.1 激光器核心功能部件

3.7.2 先进激光器及高端激光制造工艺装备

3.7.3 先进激光制造应用技术和装备

3.8 工业传感器

3.8.1 工业传感器核心部件

3.8.2 智能仪器仪表

3.8.3 传感器集成应用

3.9 互联网+制造

3.9.1 智慧工厂建设

3.9.2 工业云服务与工业大数据平台

3.9.3 工业互联网

4. 新材料产业

4.1 先进基础材料

4.1.1 钢铁材料

4.1.2 有色金属材料

4.1.3 化工材料

4.1.4 建筑材料

4.1.5 轻纺材料

4.2 先进电子材料

4.2.1 半导体材料

4.2.2 显示材料

4.2.3 大功率激光材料

4.2.4 光电子与微电子材料

4.3 先进结构材料

4.3.1 高性能纤维及复合材料

4.3.2 金属基和陶瓷基复合材料

4.3.3 高温合金

4.3.4 轻质高强材料

4.3.5 3D打印材料

4.4 先进功能材料

4.4.1 稀土功能材料

4.4.2 先进能源材料

4.4.3 高性能膜材料

4.4.4 功能陶瓷材料

4.4.5 特种玻璃材料

4.4.6 先进碳材料

4.4.7 超导材料

4.4.8 智能/仿生/超材料

4.4.9 极端环境材料

4.5 纳米材料与器件

4.5.1 纳米功能材料

4.5.2 纳米光电器件及集成系统

4.5.3 纳米药物

4.5.4 纳米能源材料与器件

4.5.5 纳米安全与检测技术

4.6 材料基因工程

4.6.1 多层次跨尺度设计

4.6.2 高通量制备

4.6.3 高通量表征与服役评价

4.6.4 材料大数据

5. 清洁能源和生态环保产业

5.1 煤炭安全清洁高效开发利用

5.1.1 燃煤发电

5.1.2 煤制清洁燃气

5.1.3 煤炭污染控制

5.2 可再生能源与氢能

5.2.1 太阳能光伏与热利用

5.2.2 风能、生物质能、地热能、海洋能

5.2.3 氢能

5.2.4 可再生能源综合利用

5.3 先进核电装备与核能

5.3.1 先进核电堆型装备

5.3.2 先进核燃料和乏燃料处理技术装备

5.3.2 三代核电装备

5.4 智能电网

5.4.1 大规模可再生能源并网关键技术装备

5.4.2 大容量输电技术装备

5.4.3 智能电网先进技术装备

5.4.5 电力储能及新型大功率电力电子器件和材料

5.5 建筑节能

5.5.1 节能集成技术

5.5.2 高效冷却技术

5.5.3 主动式/被动式多能源协调高效利用系统

5.5.4 新型采光与高效照明

5.6 大气污染防治

5.6.1 脱硫、脱硝

5.6.2 高效除尘

5.6.3 挥发性有机物控制

5.6.4 柴油机（车）排放净化

5.6.7 大气环境污染监测

5.7 土壤污染防治

5.7.1 土壤污染诊断

5.7.2 土壤污染风险管控

5.7.3 土壤污染治理与修复

5.8 水污染防治

5.8.1 废水深度处理

5.8.2 工业高盐废水脱盐

5.8.3 生活污水处理

5.8.4 饮用水微量有毒污染物处理

5.8.5 地下水污染修复

5.9 资源高效循环利用

5.9.1 水资源高效开发利用

5.9.2 煤炭资源绿色开发

5.9.3 油气与非常规油气资源开发

5.9.4 金属/非金属资源清洁开发与利用

5.9.5 废物循环利用

6. 现代交通技术与装备产业

6.1 新能源汽车

6.1.1 下一代动力电池

6.1.2 电池管理

6.1.3 电机驱动与电力电子

6.1.4 电动汽车智能化技术

6.1.5 燃料电池动力系统

6.1.6 插电/增程式混合动力系统

6.1.7 纯电动力系统

6.1.8 整车安全性和结构轻量化设计

6.2 轨道交通

6.2.1 高速城际动车组

6.2.2 高速和中速磁浮列车

6.2.3 城市轨道车辆

6.2.4 高速重载列车

6.2.5 关键零部件和绿色智能化集成技术

6.3 高技术船舶

6.3.1 绿色智能船舶

6.3.2 船舶运维智能化

6.3.3 高效通用配套产品

6.4 航空运输装备

6.4.1 大型飞机

6.4.2 新型涡桨/涡扇支线飞机及先进通用航空器

6.4.3 航空发动机及燃气轮机
6.4.4 基础元器件
6.4.5 通信、导航和控制系统
6.5 综合交通运输与智能交通
6.5.1 交通信息精准感知与可靠交互
6.5.2 交通系统协同式互操作
6.5.3 泛在智能化交通服务
6.5.4 旅客联程联运和货物多式联运

7. 海洋和空间先进适用技术产业

7.1 海洋资源开发利用
7.1.1 深海探测
7.1.2 海洋环境安全保障
7.1.3 海洋生物资源可持续开发利用
7.1.4 海水淡化与综合利用
7.1.5 海洋工程装备
7.2 空天探测、开发和利用
7.2.1 空间科学卫星
7.2.2 深空探测
7.2.3 新型航天器
7.2.4 重型运载火箭
7.2.5 空间飞行器在轨服务与维护
7.3 深地极地资源勘探
7.3.1 深地探测
7.3.2 极地探测
7.4 空间基础设施
7.4.1 卫星遥感系统
7.4.2 卫星通信广播
7.4.3 卫星导航定位

8. 先进生物产业

8.1 前沿共性生物技术
8.1.1 基因组学新技术
8.1.2 合成生物技术
8.1.3 生物大数据
8.1.4 3D 生物打印
8.1.5 基因编辑
8.1.6 结构生物学
8.2 绿色生物制造
8.2.1 重大化工产品生物制造
8.2.2 新型生物能源开发
8.2.3 有机废弃物及气态碳氧化物资源的生物转化
8.2.4 重污染行业生物过程替代
8.3 生物资源利用
8.4 生物安全保障
8.4.1 生物威胁风险评估、监测预警和检测溯源
8.4.2 生物威胁预防控制和应急处置

9. 健康产业

9.1 重大新药创制
9.1.1 生物药、化学药新品种
9.1.2 重大疫苗、抗体药物
9.1.3 长效、缓控释、靶向等新型制剂
9.1.4 新型辅料包材和制药设备
9.1.5 手性合成、酶催化、结晶控制等化学药制备技术
9.1.6 大规模细胞培养及纯化、抗体偶联、无血清无蛋白培养基培养等生物技术
9.2 重要疾病防控与精准医学
9.2.1 新一代基因测序
9.2.2 免疫治疗、基因治疗、细胞治疗
9.2.3 组学研究与大数据融合分析
9.2.4 干细胞与再生医学
9.2.5 人体微生物组解析及调控
9.3 高端医疗器械
9.3.1 数字诊疗装备
9.3.2 体外诊断产品
9.3.3 康复辅助器具
9.3.4 组织工程产品

9.3.5 新一代植介入医疗器械

9.3.6 人工器官

9.4 中医药现代化

9.4.1 现代中药提取纯化技术

9.4.2 粘膜给药等制剂技术

9.5 智慧医疗

9.5.1 无创检测

9.5.2 穿戴式监测

9.5.3 生物传感

9.5.4 健康物联网

9.5.5 虚拟人技术

10. 文化产业

10.1 传统文化产品

10.1.1 艺术品及工艺美术品

10.1.2 文化文物单位文化创意产品

10.1.3 文化授权及衍生产品

10.2 数字文化内容产品

10.2.1 动漫产品

10.2.2 游戏产品

10.2.3 网络视频

10.2.4 网络音乐

10.2.5 网络文学

10.3 数字文化技术服务

10.3.1 数字内容加工处理软件

10.3.2 虚拟现实处理软件

10.3.3 动漫游戏制作引擎软件和开发系统

10.3.4 家庭娱乐产品软件

10.3.5 其他体现交互式、虚拟化、数字化、网络化特征的文艺创作、文化创意设计和产品制作软件

10.3.6 数字化艺术展演展陈技术服务

10.3.7 文物数字化保护和传承技术服务等

10.4 高端文化装备制造

10.4.1 演艺展演展陈产品和装备

10.4.2 虚拟现实、增强现实设备

10.4.3 文化资源数字化处理装备

10.4.4 互动影视、超感影院装备

10.4.5 数据手套、游戏控制器等动作感知、追踪定位和人机交互装置

10.4.6 数字化艺术展演展陈装备

10.4.7 移动电子书等内容显示终端

10.4.8 文物和艺术品展陈、保护、修复设备

10.5 文化创意和设计服务

10.5.1 广告服务

10.5.2 建筑设计服务

10.5.3 工业设计服务

10.5.4 其他专业设计服务

国家知识产权局办公室　中央军委装备发展部办公厅关于开展知识产权军民融合试点工作的通知

国知办发管字〔2018〕10号

各省、自治区、直辖市及新疆生产建设兵团知识产权局和有关部门：

为贯彻落实军民融合发展战略，深入实施知识产权战略，按照《国务院办公厅关于印发知识产权综合管理改革试点总体方案的通知》（国办发〔2016〕106号）关于“促进知识产权领域军民融合发展”的部署要求，国家知识产权局与中央军委装备发展部决定共同开展知识产权军民融合试点工作。现将有关事宜通知如下：

一、总体要求

围绕国家军民融合发展战略、创新驱动发展战略和知识产权战略实施，以破解制约知识产权促进军民融合发展的制度性壁垒、政策性障碍和体制性问题为主攻方向，以推动深化知识产权军民融合“简政放权、放管结合、优化服务”改革为核心，以强化知识产权军民双向转化运用和保护为重点，不断完善知识产权领域军地组织管理体系、工作运行体系和政策制度体系，推动知识产权领域军地政策互通互利、资源共建共享、人才联培联用，实现知识产权领域军民资源整合、要素融合和优势聚合，促进更多军民融合新技术、新产品、新业态、新模式服务国防建设和经济发展，有效提高军民融合整体效益。

二、主要试点任务及要求

（一）推动国防专利享受地方同等优惠政策待遇

1. 试点内容。推动将国防专利、军用计算机软件著作权等纳入地方优惠政策、享受地方同等待遇，解决待遇不同问题。

2. 试点要求。

——推动修订地方相关政策文件，使国防专利、军用计算机软件著作权同等享受当地知识产权优惠政策。

——依托国防知识产权局指定的地方有关部门建立国防专利、军用计算机软件著作权信息核对渠道。

（二）利用地方资源开展国防专利申请受理业务

1. 试点内容。利用地方专利申请代办机构，在保密环境下受理国防专利申请，解决国防专利申请人就近申请问题。

2. 试点要求。

——保密要求。地方专利申请代办机构开展国防专利申请受理等业务，必须满足“机密”条件下的环境要求、设备要求和人员要求。具体的保密条件建设、涉密人员管理和日常保密管理等，应纳入当地保密主管部门监管范畴。

——国防专利申请文件的管理和转交应符合保密要求。

——相关费用收取方式，国防专利申请相关官方规定费用，可根据实际情况直接由申请人汇入国防知识产权局设立的银行账户，或由地方专利申请代办机构代收。

——国防专利申请号及受理通知书发放等具体业务工作，另行协商确定。

（三）完善申报国防专利定密渠道、开展地方普通专利申请的保密审查

1. 试点内容。国防知识产权局指定的地方有关部门负责开展民营主体或个人申报国防专利的定密工作，并会同专利申请代办机构开展本地区普通专利申请的保密审查工作，完善民营主体或个人申请国防专利的定密渠道，缓解国防知识产权局保密查看任务繁重等问题。

2. 试点要求。

——建立普通专利保密审查工作程序，明确责任和要求。

——建立保密审查队伍，开展业务培训。

——建立对无定密权限申请开具保密证明的畅通渠道。

（四）下调国防专利实施备案及转让审批层级

1. 试点内容。由国防知识产权局指定的地方有关部门开展本地区不同主体间的国防专利实施备案和转让审批工作。

2. 试点要求。

——本地区内的国防专利许可实施，由国防知识产权局指定的地方有关部门受理、审查后，直接报送国防知识产权局备案。

——本地区内的国防知识产权局指定的地方有关部门受理并审批的国防专利转让，报国防知识产权局备案。

（五）建立国防知识产权军地联合维权工作机制

1. 试点内容。利用地方知识产权维权工作机制，联合处理国防专利纠纷，解决军民融合形势下国防知识产权纠纷维权渠道少的问题。

2. 试点要求。

——利用当地 12330 知识产权维权援助中心，开展国防专利纠纷的受理工作。相关涉密文件由举报人直接交国防知识产权局，或由国防知识产权局指定的地方有关部门代收。

——依托知识产权行政管理部门等有关部门相关人员，组建国防专利纠纷处理专家队伍，建立联合开展国防专利纠纷处理的工作机制，开展国防专利纠纷调查取证及初步审查工作。

（六）逐步放开国防专利代理服务行业

1. 试点内容。吸引地方优质专利代理机构服务国防建设，提升国防专利代理质量。

2. 试点要求。

——制定办法，明确遴选标准，从业务能力、职业道德、经营状况等方面，遴选一批优质的专利代理机构及代理人，授权其开展国防专利代理服务。

——要求代理机构具有保密场所，或者由当地有关部门提供统一的保密场所，代理人签署保密协议后，在保密场所内开展专利文件撰写工作。保密场所、人员、资料的管理要纳入当地保密主管部门监管范围。

（七）开放国防知识产权信息服务

1. 试点内容。利用地方知识产权检索服务机构，整合解密和脱密国防专利信息提供公开服务；根据条件，选择适宜的机构设立装备采购信息网涉密查询点，开展国防专利涉密信息分类检索服务。

2. 试点要求。

——遴选一批优质的知识产权检索服务机构，定期将解密的国防专利信息投放到该机构的服务平台，作为其军民融合的数据资源，开展促进国防专利的转化应用工作。

（八）引导地方专业机构开展国防知识产权转民用服务

1. 试点内容。利用地方资源和全国知识产权运营平台体系，引导国防科研生产主体有效运用知识产权，解决国防科研生产主体不熟悉市场、不会运用知识产权的问题。

2. 试点要求。

——收集本地区产业发展需求、技术需求，逐步建立国防领域高新技术与地方产业对口关联渠道。

——制定办法，明确遴选标准，从业务能力、职业道德、经营状况等方面，遴选一批优质的专利服务机构，授权其开展国防专利代理服务。专利服务机构须申请相应的保密资质。

三、工作程序

（一）试点布局

根据军民融合发展战略、创新驱动发展战略总体部署和重点区域发展战略布局，结合地方知识产权事业发展水平和军民融合发展对知识产权综合管理改革的需求，选择若干军民融合产业集聚、创新成果多，以及知识产权引领作用和推动供需结构升级成效显著的地方，在省、市两级分批次开展知识产权军民融合试点工作。试点期限为 3 年。

（二）申报条件

一是省级地方需获批知识产权强省建设试点省，开展知识产权综合管理改革的省份优先；市级地方需纳入国家知识产权综合管理改革试点或入围国家知识产权强市创建市，或者已通过国家知识产权示范城市复核，且连续两年示范城市工作考核成绩位于同类城市前 50% 。二是国防知识产权工作开展较好，具有较高产值规模的军民融合产业集群，具有较好的军地创新资源，具有一定的国防专利申请规模。三是引领型知识产权强省建设试点省申报市级试点不超过 3 家，支撑型和特色型知识产权强省建设试点省申报市级试点不超过 2 家，其他省份不超过 1 家。

（三）申报程序

申报开展试点的城市（地级及以上）或地区，由当地政府向所在省（自治区、直辖市）知识产权局（以下简称“省知识产权局”）提交书面申报材料。省知识产权局商国防知识产权局指定的有关部门审核同意后，以推荐函的形式报送国家知识产权局。申报的地区如为省、自治区、直辖市，则由省（自治区、直辖市）人民政府办公厅来函，向国家知识产权局申报。国家知识产权局将会同中央军委装备发展部根据各地申报材料，结合各申报单位的建设基础条件、综合实力和发展潜力，组织专家对建设方案进行论证评价，确定首批试点地方。

（四）申报材料

申报单位应根据本通知的目标、思路和任务要求，聚焦军民融合产业创新发展需求，系统梳理本地区知识产权军民融合工作基础和军民融合产业创新发展需求，提交知识产权军民融合工作总体情况报告，并认真制定为期 3 年的知识产权军民融合试点实施方案，明确时间表、路线图，将知识产权军民融合各项改革举措落实到位。各申报单位务必于 4 月 23 日前上报总体情况报告和试点实施方案（电子版附光盘），逾期不予受理。

（五）批复实施

经批准同意开展试点的地方，应在 2 个月内报送建设方案，并抓紧实施。各地要加强对试点工作的业务指导和过程督导，确保各项建设任务落地。

四、工作要求

（一）加强组织领导

各试点地方知识产权局要与有关部门建立工作协调机制，共同推动有关政策出台和项目实施。有关省级知识产权部门要加强对市级试点地方的指导和支持，及时督促检查任务落实进展和绩效目标完成情况。

（二）强化配套政策

各试点地方要加强对工作条件保障和政策支持，加强人才队伍和保密工作环境建设，满足承接各项职责的软硬件要求。要加强资源整合和工作创新，搭建知识产权军民双向保护和运用的平台机制，满足军民融合产业创新发展的需求。

（三）动态评估考核

国家知识产权局会同中央军委装备发展部建立评估考核机制，建立良性竞争机制，实现对试点地方的动态调整，并及时总结推广好经验、好做法，加大对典型模式、典型案例的宣传力度，推动形成知识产权军民融合发展的新局面。

特此通知。

国家知识产权局办公室　中央军委装备发展部办公厅

2018 年 3 月 19 日

重要活动和重要工作

习近平主持召开中央全面深化改革领导小组第二次会议 审议通过《知识产权对外转让有关工作办法（试行）》

2018 年 1 月 23 日下午，中共中央总书记、国家主席、中央军委主席、中央全面深化改革领导小组组长习近平主持召开中央全面深化改革领导小组第二次会议并发表重要讲话。会议审议通过了《知识产权对外转让有关工作办法（试行）》等。会议指出，知识产权对外转让，要坚持总体国家安全观，依据现有法律法规和工作机制，对单位或者个人将其境内知识产权转让给外国企业、个人或者其他组织，严格审查范围、审查内容、审查机制，加强对涉及国家安全的知识产权对外转让行为的严格管理。

李克强强调：加大知识产权保护力度 提供便利营商环境

2018 年 3 月 26 日，国务院总理李克强在北京会见出席中国发展高层论坛 2018 年年会的外方代表并同他们座谈。来自世界五百强企业的负责人、国际知名学术研究机构的专家学者、主要国际组织代表等近百人参加。

李克强表示，对外开放是中国的基本国策。今年适逢中国改革开放 40 周年，在以习近平同志为核心的中共中央领导下，中国将进一步深化改革，扩大开放。这既符合中国自身发展利益，也有利于维护自由贸易，促进全球化健康发展。中国作为最大的发展中国家，实现现代化还有很长的路要走。中国对外开放的大门将越开越大，我们愿意借鉴国外先进技术和管理经验，扩大产品、知识、技术、服务等领域合作，不断放宽外商投资市场准入，提供更加法治化、便利化的营商环境。

李克强强调，“中国制造 2025”是在开放的环境中推进的，对内外资企业一视同仁。我们不会强制要求外国企业转让技术，将进一步加大知识产权保护力度，严厉打击侵权行为。欢迎更多有竞争力的国际优秀企业来华合作，同中方共创共享发展机遇。

提请全国人大常委会审议《专利法修订草案》和修订《专利代理条例》列入《国务院 2018 年立法工作计划》

2018 年 3 月 14 日，《国务院 2018 年立法工作计划》正式发布。该计划明确，为贯彻新发展理念，建设现代化经济体系，提请全国人大常委会审议《专利法修订草案》，修订《专利代理条例》。

2018 年全国知识产权局局长会议召开

2018 年 1 月 4 日，2018 年全国知识产权局局长会议在北京召开。国家知识产权局局长申长雨传达了国务委员王勇关于全国知识产权系统认真学习贯彻习近平新时代中国特色社会主义思想和党的十九大精神、扎实做好知识产权工作的重要批示，并作了题为《深入学习贯彻党的十九大精神 奋力开创新时代知识产权事业改革发展新局面》的报告。

申长雨在报告中回顾总结了党的十八大以来特别是 2017 年知识产权主要工作进展。他指出，2017 年，全系统认真学习贯彻习近平新时代中国特色社会主义思想和党的十九大精神，牢固树立“四个意识”，不断增强“四个自信”，坚决维护以习近平同志为核心的党中央权威和集中统一领导，始终在思想上政治上行动上同以习近平同志为核心的党中央保持高度一致，坚决贯彻落实党中央、国务院决策部署，真抓实干，攻坚克难，改革创新，圆满完成全年主要目标任务，知识产权事业实现又好又快发展。

申长雨指出，党的十八大以来的五年是知识产权系统砥砺奋进的五年，也是知识产权事业硕果累累的五年。五年来，在以习近平同志为核心的党中央坚强领导下，知识产权顶层设计、创造运用、保护管理、国际合作、基础建设等各个方面都取得了令人瞩目的巨大成就，获得了国内外的高度评价。特别是习近平总书记多次对知识产权工作作出重要指示，为知识产权事业发展指明了努力方向，提供了根本遵循。全国知识产权系统要深入学习贯彻习近平新时代中国特色社会主义思想和党的十九大精神，准确把握知识产权事业发展的新形势新任务新要求，着力推动知识产权事业实现新发展。

申长雨对 2018 年全国知识产权系统要重点做好的六个方面工作进行了部署：一要强化统筹协调和改革创新，高标准落实中央决策部署；二要强化知识产权创造，提高技术供给水平；三要强化知识产权保护，塑造良好市场环境；四要强化知识产权运用，支撑实体经济发展；五要强化国际合作交流，服务国家对外开放；六要强化综合保障，进一步夯实事业发展基础。他指出，全国知识产权系统要更加紧密地团结在以习近平同志为核心的党中央周围，不忘初心，牢记使命，奋力开拓知识产权事业改革发展新局面，为决胜全面建成小康社会、夺取新时代中国特色社会主义伟大胜利、实现中华民族伟大复兴的中国梦、实现人民对美好生活的向往继续奋斗。

来自中央和国家机关有关部门的负责同志，全国各省、自治区、直辖市、新疆生产建设兵团、计划单列市、副省级城市知识产权局，国家知识产权强市创建市知识产权局、国防知识产权局主要负责同志，部分央企代表，以及国家知识产权局有关部门（单位）主要负责同志近200人参加了会议。

中共国家知识产权局党组召开扩大会议传达学习习近平总书记在中央政治局民主生活会上的重要讲话精神和中央政治局民主生活会情况通报

2018年1月9日上午，中共国家知识产权局党组召开扩大会议，传达学习习近平总书记在中央政治局民主生活会上的重要讲话精神和中央政治局民主生活会情况通报，研究部署贯彻落实工作。局党组书记、局长申长雨主持会议并传达有关精神。

会议认为，中央政治局以身作则，率先垂范，召开民主生活会，为全党树立了标杆，作出了表率。习近平总书记的重要讲话围绕把党的十九大精神落到实处、维护党中央权威和集中统一领导、带头弘扬勤政务实作风、深入开展调查研究、廉洁自律以身作则、增强忧患意识居安思危等方面作了深刻阐述，提出明确要求。讲话立意高远、思想深刻、内涵丰富、要求明确，具有很强的思想性和指导性，为全面贯彻落实党的十九大精神，扎实推进新时代党的建设各项工作，深入推进全面从严治党，提供了重要遵循，指明了努力方向。

申长雨对学习贯彻落实习近平总书记重要讲话精神提出明确要求。一要认真学习、深刻领会习近平总书记在中央政治局民主生活会上的重要讲话精神，结合学习中央政治局民主生活会情况通报，切实把思想和行动统一到讲话精神上来。要通过学习，进一步树牢“四个意识”，坚定“四个自信”，坚定维护习近平总书记党中央的核心、全党的核心地位，坚定维护以习近平同志为核心的党中央权威和集中统一领导，始终在政治立场、政治方向、政治原则、政治道路上同以习近平同志为核心的党中央保持高度一致，确保中央政令畅通、令行禁止，各项部署有效落实。二要把学习贯彻习近平总书记重要讲话精神同深入学习贯彻党的十九大精神结合起来，作为学习贯彻习近平新时代中国特色社会主义思想的重要内容，作为即将开展的“不忘初心、牢记使命”主题教育的重要内容，作为推动“两学一做”学习教育常态化制度化的重要内容，坚持不懈用习近平新时代中国特色社会主义思想武装头脑，指导实践，推动工作。要认真落实新时代党的建设总要求，巩固拓展落实中央八项规定精神成果，持之以恒纠正“四风”，特别是形式主义和官僚主义，要大兴调查研究之风，狠抓工作落实，为新时代知识产权强国建设提供强有力的政治保证。三要以习近平总书记重要讲话精神为指导，高质量开好2017年度民主生活会。局党组班子要带头按照中央要求，紧扣2017年度民主生活会的主题，认真制订民主生活会方案。要联系自身思想和工作实际，切实把自己摆进去，把工作摆进去，把职责摆进去，对照习近平总书记重要讲话精神，深入查找问题和不足，进行党性分析，认真开展批评和自我批评，研究提出改进措施，坚决加以整改。班子成员之间要认真开展谈心谈话，积极征求各方面的意见和建议，为民主生活会的召开奠定坚实基础。要加强对国家知识产权局各级领导班子民主生活会的督促指导，确保开出高质量，开出好效果。

中共国家知识产权局党组召开 2018 年扩大会议

2018 年 1 月 15 日，中共国家知识产权局党组 2018 年扩大会议在北京召开。局党组书记、局长申长雨传达了国务委员王勇关于全局认真学习贯彻习近平新时代中国特色社会主义思想和党的十九大精神、扎实做好知识产权工作的重要批示，并作了题为《以习近平新时代中国特色社会主义思想为指导 奋力开拓知识产权强国建设新局面》的报告。

申长雨在报告中回顾了 2017 年知识产权工作主要进展。他指出，2017 年，局党组将学习宣传贯彻习近平新时代中国特色社会主义思想和党的十九大精神作为首要政治任务，进一步强化“四个意识”，增强“四个自信”，坚定维护习近平总书记党中央的核心、全党的核心地位，坚定维护以习近平同志为核心的党中央权威和集中统一领导，始终在思想上政治上行动上同以习近平同志为核心的党中央保持高度一致，坚决贯彻落实中央各项决策部署。坚持用新思想指导新实践，用新理念引领新发展，稳步推进知识产权战略实施和知识产权强国建设，积极推动知识产权领域改革，全面实施专利质量提升工程，不断加大知识产权保护力度，积极完善知识产权运用体系，大力提升知识产权服务能力，继续深化知识产权国际合作，扎实推进全面从严治党，加强宣传文化建设，强化事业发展基础保障，各项工作取得了新的突破。

申长雨指出，党的十八大以来的五年，在党中央、国务院的坚强领导下，局党组站位全局、科学谋划，全局上下凝心聚力、砥砺前行，事业发展取得显著成效，积累了有益经验。

申长雨强调，要准确把握新时代知识产权强国建设新要求新目标新任务。深刻认识做好知识产权工作对国家经济社会发展的重大意义，系统学习领会习近平总书记关于知识产权工作的重要指示，准确把握知识产权工作目标、原则、方向、路径，全面落实中央各项决策部署，努力为社会主义现代化国家建设提供更加有力的支撑；明确新时代知识产权强国建设的战略部署，着力推动社会主要矛盾的解决，着力推动知识产权事业高质量发展；深入贯彻落实新发展理念，聚焦根本，突出重点，抓住关键，夯实基础，着力破解知识产权强国建设中的深层次矛盾和问题。

申长雨强调，要深入学习贯彻习近平新时代中国特色社会主义思想和党的十九大精神，全面落实党中央、国务院决策部署，坚持党对知识产权事业的领导，扎实推进全面从严治党，坚定不移贯彻新发展理念，牢牢把握稳中求进工作总基调和高质量发展的要求，以倡导创新文化，强化知识产权创造、保护、运用为重点，全面提高知识产权的创造质量、运用效益、保护效果、管理水平和国际影响力，奋力开拓新时代知识产权强国建设新局面。申长雨对 2018 年重点工作进行了部署：一是要深入学习贯彻习近平新时代中国特色社会主义思想和党的十九大精神，二是要统筹推进知识产权强国建设重大任务，三是要强化知识产权创造、保护、运用，四是要加快建设世界一流专利审查机构，五是要提高事业发展保障水平。

会上，申长雨还报告了国家知识产权局2017年度干部选拔任用工作情况。局党组成员、副局长贺化主持会议。局领导肖兴威、甘绍宁、何志敏、廖涛、张茂于，中央纪委驻科学技术部纪检组有关负责同志，局专利局副局长徐治江、徐聪出席会议。中央组织部、审计署有关同志应邀出席会议。来自国家知识产权局机关正副司长，局专利局正副部长，局直属各单位领导班子成员、各社会团体主要负责同志，局直属机关党委委员、纪委委员，局直属机关工会、团委有关负责同志参加了会议。与会的局领导和局专利局领导围绕王勇的重要批示和申长雨所作报告，结合分管工作作了发言。局办公室、国际合作司等11个部门作了交流发言。与会代表围绕王勇的重要批示和申长雨所作报告，结合本部门工作实际进行了热烈的讨论。

申长雨会见世界知识产权组织副总干事

2018年1月15日，中国国家知识产权局局长申长雨在北京会见了世界知识产权组织副总干事约翰·桑德奇一行。申长雨简要介绍了过去一年中国在知识产权创造、运用、保护、管理和国际合作方面取得的新成绩、新进展，回顾了中国国家知识产权局与世界知识产权组织开展的合作，特别是加强“一带一路”方面的合作。桑德奇对中国知识产权工作取得的成就表示祝贺，期待未来与中国国家知识产权局加强在PCT体系推广、知识产权仲裁和调解服务、面向发展中国家以及“一带一路”沿线国家和地区能力建设、人员交流等方面的合作。桑德奇此次访华除访问中国国家知识产权局外，还走访了中国国家知识产权局专利局专利审查协作天津中心、北京市知识产权局以及北京和天津两地的PCT用户。

申长雨会见丹麦专利商标局局长

2018年1月17日，中国国家知识产权局局长申长雨在北京会见来访的丹麦专利商标局局长苏恩·斯泰普·索伦森一行。申长雨表示，中丹两局一直保持友好合作关系，近年来两局高层交流互动频繁，合作不断深化，在专利审查、人员交流、PPH试点等方面都取得了富有成效的成果。希望双方进一步加强合作，共同为两国企业和知识产权用户营造良好的知识产权环境。索伦森表示，很高兴与中方就共同关心的知识产权问题交换意见。作为丹麦重要的贸易伙伴，中国市场受到丹麦企业的高度重视，希望双方共同努力，为企业提供更好的知识产权服务。双方还就两局最新工作进展、知识产权法律制度、战略实施和PPH试点等进行了深入交流。

国家知识产权局公布 2017 年主要工作统计数据

2018 年 1 月 18 日，国家知识产权局在北京召开新闻发布会，公布了 2017 年主要工作统计数据及有关情况。2017 年，我国发明专利申请量为 138.2 万件，同比增长 14.2%。共授权发明专利 42.0 万件，其中，国内发明专利授权 32.7 万件。截至 2017 年底，我国国内（不含港澳台）发明专利拥有量共计 135.6 万件，每万人口发明专利拥有量达到 9.8 件。我国每万人口发明专利拥有量排名前十位的省（区、市）依次为：北京（94.5 件）、上海（41.5 件）、江苏（22.5 件）、浙江（19.7 件）、广东（19.0 件）、天津（18.3 件）、陕西（8.9 件）、福建（8.0 件）、安徽（7.7 件）和辽宁（7.6 件）。

2017 年，我国发明专利授权量排名前十位的企业（不含港澳台）依次为国家电网有限公司（3622 件）、华为技术有限公司（3293 件）、中国石油化工股份有限公司（2567 件）、京东方科技集团股份有限公司（1845 件）、中兴通讯股份有限公司（1699 件）、联想（北京）有限公司（1454 件）、珠海格力电器股份有限公司（1273 件）、广东欧珀移动通信有限公司（1222 件）、中国石油天然气股份有限公司（1008 件）、中芯国际集成电路制造（上海）有限公司（862 件）。

2017 年，国家知识产权局共受理通过《专利合作条约》（PCT）途径提交的国际专利申请 5.1 万件，同比增长 12.5%。其中，4.8 万件来自国内，同比增长 12.5%。2017 年，PCT 国际专利申请超过 1000 件的省（区、市）有 7 个，依次为广东（2.68 万件）、北京（0.51 万件）、江苏（0.46 万件）、上海（0.21 万件）、山东（0.17 万件）、浙江（0.14 万件）和湖北（0.13 万件），上述 7 省市的 PCT 国际专利申请量占国内总量的 9 成以上。

2017 年，我国在“一带一路”沿线国家（不含中国）专利申请公开量为 5608 件，同比增长 16.0%。2017 年，“一带一路”沿线国家在我国申请专利 4319 件，较 2016 年增长 16.8%；在我国申请专利的国家数达到 41 个，较 2016 年增加 4 个。此外，会上还发布了 2017 年全国专利行政执法办案、专利质押融资、专利复审请求和无效宣告请求案件及专利代理行业等方面的数据。

2017 年我国发明专利有关数据主要呈现出四个特点。一是专利创造水平稳中有进。国内发明专利申请量和授权量分别较 2016 年增长 15.4% 和 8.2%；每万人口发明专利拥有量达 9.8 件，较 2016 年底提高 1.8 件。二是国内企业创新主体地位进一步巩固。企业占国内发明专利申请量和拥有量中的比重分别达到 63.3% 和 66.4%，企业对国内发明专利申请增长的贡献率达到 73.5%。三是我国企业海外专利布局能力不断增强。2017 年，提交 PCT 国际专利申请 100 件以上的国内企业达到 44 家，较 2016 年增加 18 家。四是部分领域专利布局与国外尚存差距。在世界知识产权组织划分的 35 个技术领域之中，2017 年国内发明专利拥有量高于国外来华发明专利拥有量的达 30 个，比 2016 年增加 1 个，但从维持 10 年以上的发明专利拥有量来看，国内仍在 29 个技术领域中数量少于国外。

2017年知识产权系统执法办案工作持续强化

2017年，全国知识产权系统深入贯彻落实党中央、国务院关于加强知识产权保护的决策部署，深入实施《关于严格专利保护的若干意见》，积极推进知识产权大保护、严保护、快保护、同保护，深入开展“护航”“雷霆”专项行动，加大执法办案力度，提升执法办案质量，严厉打击各类侵权假冒行为，为激励知识产权创造、运用，保障创新发展提供了必要条件。全国专利行政执法办案总量66649件，同比增长36.3%。其中，专利纠纷办案28157件（包括专利侵权纠纷办案27305件），同比增长35.0%；查处假冒专利案件38492件，同比增长37.2%；各类专利案件结案率98.5%。电子商务领域专利执法办案量19835件，同比增长51.1%，大部分案件2周内结案；展会专利执法办案量3392件，同比增长18.6%。

《国家知识产权战略纲要》实施十年评估工作总体评估专家组成立

2018年1月22日，国务院知识产权战略实施工作部际联席会议办公室在北京召开会议，宣布《国家知识产权战略纲要》实施十年评估工作总体评估专家组正式成立。专家组成员由23位来自国家机关、科研机构、高等院校、行业协会、大型企业的高层次战略专家组成。全国人民代表大会常务委员会副委员长严隽琪担任总体评估专家组组长。会上，总体评估专家组成员针对评估工作组织推进、我国知识产权事业发展面临的机遇和挑战，以及加快知识产权强国建设等问题展开了深入交流，并提出意见建议。

申长雨会见新加坡知识产权局局长

2018年1月22日，中国国家知识产权局局长申长雨在北京会见了来访的新加坡知识产权局局长邓鸿森一行。双方交流了2017年工作的最新进展，并就两局2018年合作交换了意见。申长雨表示，中新两局是关系密切的合作伙伴。近年来，在双方共同努力下，两局合作关系发展势头良好，合作不断深入，取得了丰硕的成果。希望双方今后在各个领域进一步加强务实合作，推动中新知识产权合作向纵深发展。邓鸿森对中国在提升专利质量、强化专利保护等方面的做法表示赞赏。他表示，新方愿进一步加强与中方的交流合作，共同促进区域知识产权事业发展。双方还就中新广州知识城知识产权改革试验合作、“一带一路”知识产权合作等共同关心的问题进行了交流探讨。

中共国家知识产权局党组召开会议 传达学习贯彻党的十九届二中全会精神

2018 年 1 月 22 日，中共国家知识产权局党组书记、局长申长雨主持召开党组会议，传达学习习近平总书记在党的十九届二中全会上的重要讲话和全会精神。

申长雨表示，习近平总书记的重要讲话高屋建瓴，思想深刻，内涵丰富，站在战略和全局高度，全面总结了中国共产党在新中国成立以来领导立宪修宪的伟大实践和成功经验，深刻阐述了修改宪法的重大意义和基本考虑，明确提出了修改宪法的总体要求和原则，充满了辩证唯物主义和历史唯物主义思想，综合和发展了马克思主义法治理论和实践，丰富了习近平新时代中国特色社会主义思想的“法治篇”，为修改宪法提供了根本遵循和科学指南，充分体现了以习近平同志为核心的党中央全面依法治国的坚定决心。要深入学习贯彻习近平总书记重要讲话精神，深刻领会修改宪法的重大意义，旗帜鲜明讲政治，树牢“四个意识”，坚定“四个自信”，坚定维护习近平总书记党中央的核心、全党的核心地位，坚定维护以习近平同志为核心的党中央权威和集中统一领导，始终在政治立场、政治方向、政治原则、政治道路上同以习近平同志为核心的党中央保持高度一致。

会议指出，对宪法进行适当修改，是党中央从新时代坚持和发展中国特色社会主义全局和战略高度作出的重大决策，是推进全面依法治国、推进国家治理体系和治理能力现代化的重大举措。这次修改宪法与党的十九大精神高度契合，实现了党的指导思想和国家根本遵循的有机统一；与时代发展高度契合，完全符合新时代党和国家事业发展需要；与全面依法治国高度契合，能够更好地推动全面依法治国战略的实施；与全党期待和人民呼声高度契合，反映了全党全国人民的共同意志。局党组坚决拥护党中央关于修改宪法的重大决策。

会议强调，局党组班子全体同志要以上率下，带头尊崇宪法、学习宪法、遵守宪法、维护宪法、运用宪法，牢固树立宪法意识，恪守宪法原则，弘扬宪法精神，履行宪法使命，同时要在全局全系统做好宪法的宣传教育工作，组织好宪法宣誓等重要活动，增强干部职工法治观念，坚持依法行政，加快推进法治政府建设，自觉维护宪法的权威与尊严。

中共国家知识产权局党组召开会议传达学习 党的十九届三中全会精神

2018 年 3 月 1 日，中共国家知识产权局党组书记、局长申长雨主持召开党组会，传达学习党的十九届三中全会精神，研究部署贯彻落实工作。

会上，申长雨传达了习近平总书记在十九届三中全会上的重要讲话和受中央政治局委托作的工作报告，传达了《中共中央关于深化党和国家机构改革的决定》。

会议认为，深化党和国家机构改革是推进国家治理体系和治理能力现代化的一场深刻变革，是习近平新时代中国特色社会主义思想的又一生动实践，关乎党和国家长治久安、事业兴旺发达，具有重大的现实意义和深远的历史意义，充分体现了以习近平同志为核心的党中央巨大的改革魄力和强烈的历史担当。这次党和国家机构改革以习近平新时代中国特色社会主义思想和党的十九大精神为指导，贯彻坚持党的全面领导、坚持以人民为中心、坚持优化协同高效、坚持全面依法治国的原则，改革机构设置，优化职能配置，深化转职能、转方式、转作风，提高效率效能，顺应时代发展和党心民心，必将有力推动国家治理体系和治理能力现代化，使中国特色社会主义制度更加成熟，我国社会主义制度优越性得到更好发挥，为决胜全面建成小康社会、开启全面建设社会主义现代化国家新征程、实现中华民族伟大复兴的中国梦提供有力制度保障。国家知识产权局党组坚决拥护党中央的改革决定。

围绕学习贯彻全会精神，会议强调，一要按照中央部署要求，做好全会精神的传达学习和贯彻落实工作，切实把思想和行动统一到习近平总书记的重要讲话和全会精神上来。二要按照中央统一部署，积极稳妥做好知识产权相关改革工作，不折不扣落实中央改革部署。要加强舆论宣传，引导全局干部职工以高度的政治自觉和强烈的大局意识坚决拥护改革，积极支持改革，努力营造有利于改革的良好环境。三要把握好改革、发展、稳定的关系，以改革促发展，以稳定保发展。要做到改革、发展、稳定统筹兼顾，各项工作有条不紊，干部职工和谐稳定。四要积极做好全国两会期间的有关工作，及时学习全国两会精神，主动听取代表委员的意见建议，扎实做好本职工作，展现新时代的新气象、新作为，为各项工作开展奠定更好的基础。

申长雨会见阿根廷国家工业产权局局长和阿根廷驻华大使

2018 年 3 月 1 日，中国国家知识产权局局长申长雨在北京会见了来访的阿根廷国家工业产权局局长达玛索·帕多和阿根廷驻华大使迭戈·格拉尔一行。申长雨介绍了中国知识产权工作的最新进展，并希望通过中阿两局共同努力，进一步拓展合作的领域，取得更多的合作成果。达玛索·帕多赞赏中国国家知识产权局近年来取得的显著成就，希望借鉴中国成功经验，加强两局合作，将更多的专利转化为现实生产力。双方还就人员培训、数据交换、云审查系统以及专利审查高速路等议题交流了意见和看法。会后，双方签署了《中华人民共和国国家知识产权局与阿根廷国家工业产权局在专利审查高速路领域开展合作的联合意向声明》。

中国有效发明专利可在柬埔寨登记生效

2018 年 3 月 2 日，国家知识产权局在北京召开新闻吹风会。国家知识产权局副局长何志敏出席并介绍了中国有效发明专利在柬埔寨生效的相关情况。他表示，中国有效发明专利在柬埔寨生效的申请受理工作将正式启动，这是中柬知识产权合作的里程碑，也是“一带一路”知识产权合作的突破性成果。

据介绍，2017 年 9 月，中国国家知识产权局局长申长雨与柬埔寨国务大臣兼工业及手工业部部长占蒲拉西签署了关于知识产权合作的谅解备忘录，确认中国有效发明专利可在柬埔寨登记生效。经过半年的讨论和磋商，中柬双方已经就相关工作的具体流程达成一致。经中国国家知识产权局授权、维持有效，且申请日在 2003 年 1 月 22 日之后的中国发明专利都具备在柬埔寨生效的资格。有效发明专利在提交生效申请时，需提交登记申请表格、中国国家知识产权局出具的专利说明书和专利登记簿副本，以及专利文件英文和高棉语译文等材料，经柬埔寨工业及手工业部审查合格后即可在柬埔寨获得专利保护，并享有与相应中国专利同样的申请日和保护时限，即从中国申请日起保护 20 年。

据介绍，中国有效发明专利可在柬埔寨生效不同于国际上现存的其他专利审查共享模式，是柬埔寨对中国专利审查授权结果的直接认可，是国对国、单方面且溯及以往的，具有更好的便捷性和更高的法律价值。通过这一途径，中国发明专利权人可以避免冗长的实质审查程序，节省申请成本，快速、便捷地在柬埔寨获取专利权及相关保护，而柬方也能极大地提高工作效率，节约审查成本。有关专家表示，这一合作体现了柬埔寨对中国专利制度、审查效率、审查质量、授权结果的高度认同，提升了中国专利授权的含金量，是推动中国专利和中国的专利审查“走出去”的坚实一步。这不仅有利于中柬知识产权合作的未来发展，更为中国与其他国家在专利审查领域的务实合作提供了样板，是中国专利事业发展的历史性成就。中柬在知识产权领域的深入合作和互信也将为两国创新主体提供更好的服务，推进“一带一路”知识产权合作倡议的落实，丰富中柬两国全面战略伙伴关系的内容。

申长雨在国家知识产权局专利审查工作座谈会上强调
努力提高专利审查质量和效率 推动知识产权事业高质量发展

2018 年 3 月 7 日，国家知识产权局专利审查工作座谈会在北京举行。国家知识产权局局长申长雨出席会议。座谈会上，10 余名审查员代表先后发言。大家结合工作实际，就提高专利审查质量和效率提出了意见和建议。

申长雨在讲话中指出，2017 年 7 月，在中央财经领导小组第 16 次会议上，习近平总书记就加强知识产权保护、塑造良好营商环境作出重要指示。其中明确提出，要提高知识产权的审查质量和审查效率。局党组在第一时间传达学习习近平总书记重要指示，并围绕提高专利审查质量和效率，采取了一系列有力举措，包括进一步完善审查质量保障体系和业务指导体系，建立审查质量双监督、双评价工作机制，加强审查员队伍建设，强化人力资源与审查案源精细化配置，实施审查周期分类、分段管理，发挥优先审查、巡回审查等多种审查模式的效能等。通过这些举措，专利审查的质量和效率进一步提升，社会满意度进一步提高，取得了明显成效。

申长雨表示，提高专利审查质量和效率是知识产权工作的永恒主题，必须始终高度重视。一是要坚持审查工作作为局里重要核心业务的地位不动摇。审查工作是国家知识产权局的一项重要职责，是事业之基，立局之本。建设世界一流专利审查机构，最根本的就是要提高审查质量和效率。二是要坚持把审查质量作为审查工作的生命线。要坚持以新颖性、创造性、实用性“三性”评判为主线，加强审查工作的道德支撑、法律支撑和技能支撑，严格依法审查，把好专利授权关。要大力弘扬“工匠精神”，努力对每一件专利申请都做到授权有理、驳回有据、客观公正、标准统一，使授权的专利经得起法律和市场的检验。三是要坚持把提高审查效率作为一项重要任务。要在延续现有好的经验和做法的基础上，加大人工智能、大数据等技术在审查工作中的运用，以新技术推动审查工作效率变革、质量变革。四是要坚持不懈加强审查员队伍建设，为审查工作提供强有力的人才保障。要全面落实“招录好、培训好、使用好、发展好、管理好、稳定好”的审查员队伍建设工作要求，进一步形成合理的人才结构和梯队。要加强对审查员的关心关爱，增强审查员的职业荣誉感，着力解决审查员工作和生活中的实际困难，更好地激发大家的工作干劲和工作热情。五是要坚定不移全面从严治党，确保专利审查领域始终风清气正。广大审查员要围绕建设世界一流专利审查机构和加快建设知识产权强国的目标，提高政治站位，增强大局意识，提升业务能力，做到干一行、爱一行、专一行。要维护审查工作纪律的严肃性，始终做到秉公用权、廉洁用权，以高质量高效率的专利审查，支撑知识产权事业高质量发展，为加快知识产权强国建设、营造更好的营商环境和创新环境作出更大贡献。

申长雨会见吉尔吉斯共和国国家知识产权与创新局局长

2018 年 3 月 14 日，中国国家知识产权局局长申长雨在北京会见了来访的吉尔吉斯共和国国家知识产权与创新局局长艾斯纳力耶夫·多萨利一行。双方就人员培训、审查业务、数据交换以及自动化系统等议题，深入交换了意见和看法。申长雨介绍了中国知识产权工作的最新进展，表示中国正在扎实推进知识产权强国建设，全面提升专利质量，实行严格的知识产权保护，希望双方共同努力，进一步加强务实合作，促进双方经贸科技文化交流。多萨利高度评价中国国家知识产权局近年来取得的成就，希望借鉴中国成功经验，深化两局交流与合作，促进共同发展。

申长雨会见非洲知识产权组织总干事

2018 年 3 月 19 日，中国国家知识产权局局长申长雨在北京会见了非洲知识产权组织总干事德尼 · L. 伯乌苏一行，双方就人才培训、专利审查、数据交换、自动化等领域的合作进行了交流和探讨。申长雨简要介绍了中国知识产权工作的最新进展。他表示，在双方的共同努力下，中非建立并长期保持着良好的知识产权合作关系，期待在未来进一步深化双方合作，巩固合作成果，将合作推向新的高度。伯乌苏赞赏近年来中国知识产权事业发展取得的成就，并希望借鉴中国成功经验，在更多领域加强合作，不断拓展合作的深度与广度，促进中非科技、经济、文化交流。

2017 年我国 PCT 国际专利申请量排名跃居世界第二

2018 年 3 月 21 日，世界知识产权组织（WIPO）公布消息称，2017 年，中国提交 PCT 国际专利申请量达 4. 8882 万件，跃居全球第二。在全球前 15 个原属地中，我国 PCT 国际专利申请年增长率达到 13. 4%，是唯一取得两位数增长的国家。自 2003 年以来，我国每年的增长率都高于 10%。华为与中兴通讯分别以 4024 件和 2965 件 PCT 国际专利申请占据了申请人前两名。

国家知识产权局传达学习全国两会精神

2018 年 3 月 22 日，国家知识产权局局长申长雨主持召开会议，传达学习全国两会精神，部署贯彻落实工作。

会议重点传达了习近平总书记两会期间发表的一系列重要讲话精神、李克强总理所作的政府工作报告、全国人民代表大会常务委员会工作报告和中国人民政治协商会议全国委员会常务委员会工作报告主要内容、宪法修改有关精神和国务院机构改革安排，以及两会代表委员对知识产权工作的意见建议。

申长雨就学习贯彻全国两会精神提出明确要求。一是要在全局上下认真传达学习全国两会精神，切实把思想和行动统一到中央精神上来。二是要认真学习和遵守宪法。三是要积极稳妥推进知识产权机构改革。要在党中央的统一领导下，按照国务院要求，有组织、有步骤、有纪律地推进改革，不折不扣落实中央改革部署，确保知识产权相关改革有序推进，按时完成，确保改革过程中，全局干部职工的思想不乱、工作不断、队伍不散、干劲不减。四是要扎实做好知识产权相关工作。要认真贯彻习近平总书记两会上有关知识产权工作的重要指示，落实政府工作报告各项部署，认真做好两会建议提案的办理工作，促进事业更好发展。五是要扎实推进全面从严治党。

第十届金砖国家知识产权局局长会议召开

2018年3月26日，第十届金砖国家知识产权局局长会议在成都召开。中国国家知识产权局局长申长雨主持会议，并代表中国国家知识产权局与其他四局局长共同签署了《金砖五局关于加强金砖国家知识产权领域合作的联合声明》。巴西国家工业产权局局长路易斯·奥塔维奥·皮门特尔，俄罗斯联邦知识产权局局长戈利高里·伊夫利耶夫，印度专利、外观设计和商标局局长欧姆·帕卡什·古普塔以及南非公司与知识产权注册局局长罗伊·沃勒率团出席会议并致辞。世界知识产权组织副总干事王彬颖作为特邀嘉宾出席会议开幕式。会议期间，五局讨论通过了第一份规范金砖五局合作内部运行机制的指导性文件——《金砖知识产权合作运行指南框架》。五局相关负责人还共同讨论了金砖知识产权合作路线图框架下各合作项目的最新进展和下一步工作，并就一些国际知识产权热点议题交换了意见。

第二十届中国专利奖评选工作启动

2018年3月28日，由国家知识产权局和世界知识产权组织举办的第二十届中国专利奖启动评选。此届中国专利奖强调要坚持高质量发展的原则，鼓励和表彰为技术（设计）创新及经济社会发展作出突出贡献的专利权人和发明人（设计人）。在往届设置中国专利金奖和中国外观设计金奖的基础上，第二十届中国专利奖评选首次设置中国专利银奖和中国外观设计银奖。其中，中国专利金奖和中国专利银奖从发明专利和实用新型专利中评选产生，中国专利金奖项目不超过20项，中国专利银奖项目不超过60项；中国外观设计金奖和中国外观设计银奖从外观设计专利中评选产生，中国外观设计金奖项目不超过5项，中国外观设计银奖项目不超过15项。

首批中国有效专利在柬埔寨登记生效

2018年3月29日，中国国家知识产权局局长申长雨与柬埔寨王国国务大臣兼工业及手工业部部长占蒲拉西共同出席了首批中国有效专利在柬埔寨登记生效证书颁发仪式。首批在柬登记生效的中国专利分别来自同方威视/清华大学、中兴通讯和华为等3家中国高科技企业和高校，共计20件。

中国与巴西专利审查高速路（PPH）试点将启动

根据《中华人民共和国国家知识产权局与巴西国家工业产权局关于专利审查高速路（PPH）试点项目的谅解备忘录》，中巴 PPH 试点于 2018 年 2 月 1 日启动，或为期 2 年至 2020 年 1 月 31 日止，或止于两局中各局在中巴 PPH 试点项目下接收 200 件申请，以先出现者为准。中巴 PPH 试点为有限型试点，仅针对有限项目模式、有限技术领域和有限申请数量开展。中巴 PPH 试点启动以后，申请人可通过作为两局共同项目指南的《SIPO - INPI PPH 试点项目技术指南》了解中巴 PPH 试点下的具体要求；并按照《在中巴专利审查高速路（PPH）试点项目下向中国国家知识产权局（SIPO）提出 PPH 请求的流程》向中国国家知识产权局提出 PPH 请求；按照《PPH INPI - SIPO 试点项目用户指南》向巴西国家工业产权局提出 PPH 请求。

中德专利审查高速路（PPH）试点将再延长 3 年

中国国家知识产权局和德国专利商标局共同决定，中德专利审查高速路（PPH）试点自 2018 年 1 月 23 日起再延长 3 年，至 2021 年 1 月 22 日止。在两局提交 PPH 请求的有关要求和流程不变。

中奥专利审查高速路（PPH）试点再延长 3 年

中国国家知识产权局和奥地利专利局共同决定，中奥专利审查高速路（PPH）试点自 2018 年 3 月 1 日起再延长 3 年，至 2021 年 2 月 28 日止。在两局提交 PPH 请求的有关要求和流程不变。

统计数据

2018 年 1 ~3 月国内外发明专利申请统计表

单位：件

按国内外分组		当年累计	
		申请量	构成
合计	小计	390894	100.0%
	职务	341155	87.3%
	非职务	49739	12.7%
国内	小计	355674	91.0%
	职务	306680	86.2%
	非职务	48994	13.8%
国外	小计	35220	9.0%
	职务	34475	97.9%
	非职务	745	2.1%

注：本套统计表按照国家统计局统计制度备案的要求执行。

2018 年 1 ~3 月国内外实用新型、外观设计专利申请统计表

单位：件

按专利类型分组		当年累计	
		申请量	构成
实用新型	小计	533710	100.0%
	职务	435638	81.6%
	非职务	98072	18.4%
	国内	531563	99.6%
	国外	2147	0.4%
外观设计	小计	144736	100.0%
	职务	87495	60.5%
	非职务	57241	39.5%
	国内	139930	96.7%
	国外	4806	3.3%

2018 年 1 ~ 3 月国内外发明专利授权统计表

单位：件

按国内外分组		当年累计 授权量	当年累计 构成
合计	小计	103569	100.0%
	职务	97720	94.4%
	非职务	5849	5.6%
国内	小计	81775	79.0%
	职务	76220	93.2%
	非职务	5555	6.8%
国外	小计	21794	21.0%
	职务	21500	98.7%
	非职务	294	1.3%

2018 年 1 ~ 3 月国内外实用新型、外观设计专利授权统计表

单位：件

按专利类型分组		当年累计 授权量	当年累计 构成
实用新型	小计	345814	100.0%
	职务	296104	85.6%
	非职务	49710	14.4%
	国内	344004	99.5%
	国外	1810	0.5%
外观设计	小计	128017	100.0%
	职务	77746	60.7%
	非职务	50271	39.3%
	国内	123502	96.5%
	国外	4515	3.5%

图书在版编目（CIP）数据

国家知识产权局公报. 2018年. 第1期：总第37期/国家知识产权局办公室编. —北京：知识产权出版社，2018.5
ISBN 978－7－5130－5556－7

Ⅰ.①国… Ⅱ.①国… Ⅲ.①知识产权—公报—中国—2018 Ⅳ.①D923.4

中国版本图书馆CIP数据核字（2018）第093799号

内容提要

《国家知识产权局公报》是由国家知识产权局办公室编辑出版的面向国内外公开发行的政府出版物。主要刊载内容为：全国人民代表大会及其常务委员会通过的涉及知识产权的法律；国务院发布的涉及知识产权的法规和法规性文件；国家知识产权局发布的规章、公告、重要文件、统计数据以及其他需要公告的事项。本公报刊登的国家知识产权局规章、规范性文件为标准文本。

读者对象：国务院各部委（局）相关机构工作人员、相关教研机构教学研究人员及社会公众。

责任编辑：卢海鹰　王祝兰　　**责任校对：**谷　洋

版式设计：王祝兰　　**责任出版：**孙婷婷

国家知识产权局公报（2018年第1期）

国家知识产权局办公室　编

出版发行：知识产权出版社有限责任公司　　**网　址：**http://www.ipph.cn

社　址：北京市海淀区气象路50号院　　**邮　编：**100081

责编电话：010－82000860转8555　　**责编邮箱：**wzl@cnipr.com

发行电话：010－82000860转8101/8102　　**发行传真：**010－82000893/82005070/82000270

印　刷：北京九州迅驰传媒文化有限公司　　**经　销：**各大网上书店、新华书店及相关专业书店

开　本：880mm×1230mm　1/16　　**印　张：**5.25

版　次：2018年5月第1版　　**印　次：**2018年5月第1次印刷

字　数：130千字　　**定　价：**5.00元

ISBN 978-7-5130-5556-7

责任编辑　卢海鹰　王祝兰
封面设计　麒麟轩設計
出 版 者　知识产权出版社有限责任公司

《国家知识产权局公报》简介

《国家知识产权局公报》是由国家知识产权局办公室编辑出版的面向国内外公开发行的政府出版物。

《国家知识产权局公报》主要刊载内容为：全国人民代表大会及其常务委员会通过的涉及知识产权的法律；国务院发布的涉及知识产权的法规和法规性文件；国家知识产权局发布的规章、公告、重要文件、统计数据以及其他需要公告的事项。

《国家知识产权局公报》上刊登的国家知识产权局规章、规范性文件为标准文本。

《国家知识产权局公报》为大16开，每季度出版一期。

ISBN 978-7-5130-5556-7
9 787513 055567 >
定价：5.00 元

国家知识产权局公报

GAZETTE OF STATE INTELLECTUAL PROPERTY OFFICE OF THE PEOPLE' S REPUBLIC OF CHINA

2018年第一期（总第37期）